化成整体生命智慧

职场
最重要的小事

谢文宪－著

Important little things
in the Office

北京时代华文书局

图书在版编目（CIP）数据

职场最重要的小事 / 谢文宪著 . -- 北京 : 北京时代华文书局 , 2019.3
ISBN 978-7-5699-0274-7

Ⅰ . ①职… Ⅱ . ①谢… Ⅲ . ①职业选择 – 通俗读物 Ⅳ . ① C913.2-49

中国版本图书馆 CIP 数据核字 (2019) 第 032538 号

北京市版权著作权合同登记号 字: 01-2018-8425

职场最重要的小事

ZHICHANG ZUI ZHONGYAO DE XIAOSHI

著　　者 | 谢文宪

出 版 人 | 王训海
选题策划 | 爱智达人
责任编辑 | 周海燕
装帧设计 | 后声工作室
责任印制 | 刘　银

出版发行 | 北京时代华文书局 http://www.bjsdsj.com.cn
北京市东城区安定门外大街 136 号皇城国际大厦 A 座 8 楼
邮编: 100011　电话: 010 - 64267955　64267677
印　　刷 | 北京环球画中画印刷有限公司 电话: 010-63706888
(如发现印装质量问题，请与印刷厂联系调换)
开　　本 | 880×1230mm　1/32　印　　张 | 7　字　　数 | 108 千字
版　　次 | 2019 年 3 月第 1 版　印　　次 | 2019 年 3 月第 1 次印刷
书　　号 | ISBN 978-7-5699-0274-7
定　　价 | 38.00 元

推荐语

专业人士看《职场最重要的小事》

如果要在台湾找一个online及offline都受欢迎的超级讲师，谢文宪——宪哥的名字，一定名列前茅。身为职场教练，宪哥对于他的读者或是学生，没有锦上添花的吹捧，多是醍醐灌顶的提醒，忠言逆耳，就是他常做的功德。

——《商业周刊》电子内容部总编辑　王之杰

宪哥最让我佩服的，不仅是他强大的影响力，更重要的是，他总是以身作则，达到更高的标准！在这本书中，我仿佛看到年轻的宪哥，化身于书上的每一个角色，从职场新人一路走来，变成今天亚洲最具影响力的训练大师。想在职场上成功？这本书，你绝对不能错过！

——专业简报教练　王永福

认识宪哥也好长一段时日了。最让我感佩的是他能将理论与实务融会贯通后，以浅显易懂的文字传达出来，让人顿时有醍醐灌顶的领悟。如今宪哥将他在商周网站的专栏收录成书，文中提及许多在工作中的观察与观念，绝对值得职场新人学习，且终生受用。

——采盟股份有限公司董事长　古素琴

看了宪哥这本亲身经历的职场纪录，我终于理解为什么宪哥上的课、写的书会那么红！因为他是一位乐于为周遭所有朋友“创造价值”的工作者，重点是他不仅有创造价值的能力，更有无比的热情，希望这样的热情能通过书中一篇篇故事传递给所有年轻的工作者。

——《SMART智富》杂志总经理兼总编辑　朱纪中

我常说：或许你没打算在现在的岗位上待一辈子，但是一定要用积极学习的心态与热情去面对工作！

任何不起眼的小事，都是累积的开始，学习并同时培养自己的能力，才有机会把大事做好！

能将兴趣与工作相结合，当然是最理想的事，但这毕竟是发生于少数人的好机运。所以面临职场上不喜欢的事，要用正面的态度去面对、处理，并且学习将其做到极致，才可能从中发掘到自己所不了解的兴趣与潜能。宪哥在这本书中对于职场工作者的建议，相信能帮助所有人！

——城邦媒体集团首席执行长　何飞鹏

这两年多次到校园分享职场经验，发现“22K魔咒”就像打不开的结，让同学们相当迷惘与无助。或许成功没有捷径，但看完宪哥传授的35个职场巧实力，可以轻松搞懂职场潜规则，正向面对职场百态，少走很多冤枉路，这就是你的胜出关键。

——《今周刊》行销总监　陈智煜

推荐语

职场工作者看《职场最重要的小事》

跑跑姜饼人之《如果不经历“重复”的磨炼，换到哪儿都一样》，让每天在海量数字资料中打转的我，找到了努力的目标与坚持下去的动力。目前的我就像跑跑姜饼人一般，不断地跑，不断地准备，希望能为自己的未来，创造更多机会与美丽的愿景！

——王立筠（网络媒体业业务分析／70后）

我是身障人士，同时也是棒球选手。两个角色也许冲突，但我从来不曾放弃成为优秀球员的梦想。在追梦的过程中，幸运地受邀参与宪哥主持的电台节目《宪上充电站》，和宪哥分享了很多追梦过程的艰辛。在和宪哥的对话中，我们就像是对棒球执着的男人与勇于挑战的青年，没有距离地分享同个梦想，这让我更有勇气继续走下去，非常感谢宪哥对我的激励。

——朱广霖（科技业研发工程／80后）

宪哥是个执灯者，用人生的经验为我们引路，用热情的鼓励为我们打气。通过出书、专栏、广播、讲课，发挥影响力带动良善的风气。“我们缺乏卷起袖子做事的人”，所以宪哥卷起他的袖子做了许多事，我们，也一起吧！

——沈怡璇（电视媒体人资训练／80后）

在下雨的英国的饭店，想起过去三周在四个不同国家超过二十种不同语言的会议中，总是想起宪哥的话：“没有奇迹，只有累积。”几个月来的确在不同机场间游走，面对不同语言、文化的客人，做生意总是困难重重。人生，就是要懂得抓紧对的时机，眼明手快地拾起最适合自己的钻石，并在最适当的时候使用它，好好铺陈与设计属于自己的天时、地利与人和！如此才有机会创造更多成功的可能。但更重要的是，脚踏实地地步步累积实力，这样在职场上才能长久。

——周旭陵（电子业亚太区业务发展主管／80后）

自己从事医美业，因执行长对育才的重视，任职于管理职外，也兼任内部教育训练及医美讲师，因而开启和宪哥的缘分。我总是记得宪哥说的：“实现梦想的人，往往不是最有才华的人，而是坚持到底的人。”现在的我，在职场上遇到困惑，就会把宪哥的文章再拿来阅读；一篇篇的精心杰作，每每品味后，余韵犹在，久久无法忘怀！

——林雅滇（医美业管理职／80后）

“挑担要捡重担挑，行路要找难路行！”宪哥总是将自身的经历与发生在他周遭的人和事物，用他独特的见解与细腻的文字带给我无比的动力！让我在销售的这条路上，从原本的亦步亦趋，逐渐走上了自己梦想的舞台。全力以赴、坚持到底，成为我现在对生活的态度！

——张明颀（3C通讯业门市业务行销／80后）

两年前参加宪哥演讲，课后一句鼓励“小卡，你可以的”让我跳脱讲师生涯中寒酷的低谷；后续facebook、博客中一句句“小卡，你太棒了”令我犹如吸入大量氧气，在教学上更加振奋、激昂。宪哥所散发的风范和影响力，更是我在讲师人生中所追寻的光。

——庄舒涵（培训业讲师／70后）

认识宪哥，认识“热血、坚持、行动”的影响力。从事HR（人力资源）训练工作多年，时常徘徊在工作细节的倦怠里，从2011年“行动的力量”讲座，到2014年《KANO》电影热血包场，我看到专业讲师对工作及生活的热情和坚持朝梦想前进的行动力。疲倦的心，因此获得坚持的力量。

——陈淑贞（百货零售业人资训练／60后）

因广播节目认识了宪哥，宪哥充满热情的声音和温暖的笑容，总是感动人心。他善于分享自己的热血与快乐，对于年轻人有着特别的感触。定期阅读宪哥的文章，总会让进入职场满两年的我，感到心有戚戚焉。

——黄靖琪（外商网络业行销企划／80后）

以往看宪哥专栏时，从没想过自己也会成为主角。感谢宪哥曾在我职业生涯低潮之际“点”了我一下，让我对自己有了更进一步的省思与勇气，进而创造出逆转“全垒打”的际遇与发展。职场小故事、人生大学问，万般庆幸我受教了。

——杨东远（运动网络媒体管理职／80后）

三年前作为一位菜鸟业务主管，宪哥的著作就是我工作中的行动准则，而他辉煌的业务战绩，更是我努力的目标。日前因团队表现亮眼，获得公司内巡回演讲的难得机会，也幸运受邀录制《宪上充电站》广播节目，宪哥可以说是我最佳的职业生涯导师。

——葛良骏（科技业人资训练／80后）

“你希望明年的你，还是和现在一样吗？如果不希望，是否应该要克服心中对于未知的恐惧呢？”每年愿望清单总有“澳大利亚游学”这一点，却迟迟没实现。去年读到这篇专栏，当时在脑海中挥之不去，认真思索未来职业生涯发展，更想知道丢掉名片、学历后还剩下什么？如宪哥所说：“一千个想法，不如一个行动。”谢谢这篇专栏，在彷徨时刻有如当头棒喝，令我省思未来职场及人生，勇敢战胜恐惧，接受新挑战，踏出舒适圈到澳大利亚，探索自己的潜能及可能性，实现自己的愿望清单，我想这是人生最重要的小事。

——刘怡汝（杂志出版业行销企划／80后）

“公司福利再好，你也不该从菜鸟待到退休”，宪哥这段话给我很大的信心。年年达成业绩两位数成长、升迁速度比同期都快，我却比任何人都紧张。因为这一年我都在做重复的事，如果产业的生命周期走向衰退，我将没有任何能力迎接全新的挑战。是时候该跳出舒适圈，迎接改变。

——郑均祥（培训业业务行销／80后）

出社会四个月的菜鸟摄影师，首次与宪哥见面时，感受到他台下的真诚，更感受到他在讲台上追求完美的热情。如果态度能显现一种高度，宪哥的高度一直在我憧憬的天空，我仰望学习更多能力飞向那片天。

——谢玮铭（摄影师／80后）

宪哥总是用麦克风加信念，以实际又细腻的观察力提携后进，鞭策我思考并成就“年轻人”的价值。人生没有捷径，只能站稳脚步走出自己的路。“年轻人要在对的时间，做对的事，然后被看见”，是宪哥提醒我在职场最重要的小事。

——苏莉婷（非营利组织企划／90后）

（以上依姓名笔画排序）

自 序

终结低薪，梦想高飞

职场不顺遂，到底是“努力不够”，还是“方法不对”？然而努力与否靠自己，方法对错靠指引，你的职业生涯若能有导师指路，则可以避免绕远路。

大三升大四那年暑假，我参加校友会在复兴山庄办的活动，下山时顺道载了一位美女同学下山。那天下着细雨，她直说：“文宪不要骑太快。”我回说：“这条路已经骑了几遍，放心啦！”过了慈湖后的一个急降坡，路上有砂石车散落一地的碎石子，我的野狼125摩托刹车不及就翻车了。我跟女同学都严重挂彩，事隔二十多年，每每我们遇见，话题都从这里开始聊起。

她的提醒我没当一回事，然而美女的大腿和膝盖留下伤疤，成为我对她一辈子的亏欠；或许这是年轻印记，但代价惨痛无比。

她住大溪，是当地人，为何她对我的提醒，我却没当一回事？一样的道理，年轻时父母要我别抽烟，一定要到抽了二十年之后才痛定思痛；老人家要我早睡早起、练好英文、少吃冰的、油炸食品和甜食少碰……我总是身体遇到状况时，才体会“不听老人言，吃亏在眼前”的经世警语。

或许这就是人生吧。

然而职场是有规则的，前人走过道路的经验，若是能被妥善整理，让后辈当作指引与提醒，绝对是年轻人职业生涯少走冤枉路、终结低薪与梦想高飞的锦囊妙计。

于是我开始将二十多年来在职场的体会，利用《商业周刊》“职场宪上学”专栏博客，巨细靡遗地整理出来。

起初我用如履薄冰的心情，并试图讨好所有读者，却被无情网友和酸民围剿，老实说，我很早就想放弃了。

然而经过身旁两位重要的编辑提醒与鼓励后，我整军经武再度出发，朝向我心中真正想写的内容大胆直言——不再讨好所有人，把我心中真正的观点、论述，通过每周一篇的真实案例与深度剖析，呈现在读者面前。

目　录

Contents

Part Ⅱ　与同事主管相处，是一辈子的功课

Part Ⅲ　小不公平要不要计较?

Part Ⅳ　工作不到一年就想离职？工作哪有那么简单

Part Ⅴ　从厌倦到期待，宪哥想告诉你的几件小事

Part Ⅰ

给职场新人：
从小处发亮、从大处闪耀

想当年，我刚到台达电子上班两周，就听到主管跟我说他们在厂区会议中讨论："怎么有人在厂区用跑的？连上下楼梯都用跑的？"没错，被讨论的人正是我。我比一般人都幸运，大学还没毕业就到台达电子上班，担任人力资源管理师的工作。老实说，我真的不知道这工作要做什么，只知道同是武陵高中的学长很赏识我，给了我一个工作机会。

学长是我的直属主管，他常叮咛我一句话："希望你能证明我的眼光是对的。"于是我展开天天在厂区内生产线中穿梭的岁月。

每天十点以前要发出当日出缺勤的报表与刷卡异常的名单，跟生产线组长与课长讨论异常作业员的状况。由于被规定的时间是十点以前，于是八点上班时间一到，我就开始打印全厂出缺勤资料。略做整理后，每天九点便开始我在厂区间的跑步之旅，一年到头没有失误。

因为我的目标是零失误。

1991年进入职场当菜鸟，担任人力资源管理师的工作，纵使现在看来这些工作早已被网际网络所取代，但人与人之间的互动绝对不会被取代。

不出两周，全厂区产线的组长与课长都认识了我，一开始我的确都扮演小弟的工作，虚心学习，持续检讨。我发现台达的伙伴人都很好，尤其是生产线上的阿姨们。她们的年纪都和我妈相仿，许多人在工厂待了二十几年，当时的我非常纳闷，怎么会有人上班二十多年都待在同家公司，做着同样的工作。现在的我才明了："人若缺少工作热情，公司若缺少家的归属感，到哪里工作他/她都待不久。"

许多的职场书籍都谈到新人要有好的工作态度与热情，这种抽象的话真的很难理解。我想用更简单的语言来说，就是职场新人应该试着"设定挑战目标"。或许是个简单的目标，但要全力以赴、坚持到底。

我当时的想法是，学长既然很赏识我，我更应该在公司三个月试用期之前做到几项指标，例如：全厂七百多人都要认识我，十点出缺勤报表零失误，持续研读劳动基准法并通过主管的书面测试，办理一次全公司的大型活动，等等。我很庆幸自己在职场初期养成的工作好习惯。

跑步让我维持好身材，微笑让我赢得好人缘，深入接触第一线让我知道操作员的辛苦，而准时送达报表让我养成守信重承诺的好习惯。直到第十六个月转任采购，直到再也不用跑步，我才开始发胖。

宪哥想与职场新人分享，找到自己被看见的点，“从小处发亮、从大处闪耀”。我相信任何职场老鸟，都会疼惜愿意奋斗且认真工作的菜鸟。

01 对得起自己，所有事都会对得起你

一位肯做肯学的新人

小安念私立大学刚毕业，凭着大学时代在股票研究社担任社长的学校社团经验，获得面试官青睐，面试官愿意给他一个机会，让他进入公司为公司服务，担任最基层的试用营业员一职。

实务经验、客户、人际关系资源等什么都没有的他，只能跟着公司辅导考照的脚步拼命念书。某日，我担任该证券公司周六内训课程的外聘讲师，听到了他的故事……

小安进到公司之后才知道，自己的能力有多贫乏，不过他并没有放弃自己，非常虚心向前辈请教，前辈也很愿意帮助这个年轻人，加上他自己认真念书，第一个月就有明显的进步。未料，进入工作后的第三个月，他母亲因为肝病住院，全家随

即进入捉襟见肘的“兵荒马乱”之中。

某天下班后，小安匆匆忙忙赶到长庚医院去换弟弟的班，在门口遇到一名头戴毛帽的妇人，病恹恹地和他攀谈。

老妇人说道：“小弟，借我一千元坐车好吗？我一定会还你的。”

小安心想：“自己已经够衰了，妈妈住院，难道还遇到诈骗集团借钱？”不过仔细端详了老妇人后他发现，老妇人毛帽底下的头发真的很少，加上手拿药袋，确实不像坏人，他心里一横：“最不济就是被骗，她要是没还我，就当作是一千块掉到水里吧。”小安从皮夹里拿出一千块，附上一张名片给了老妇人，老妇人连忙说“谢谢”，在小安的面前搭了出租车离去。

小安心想：“不会吧，我都骑摩托车来，她却搭出租车，我好像真的被骗了。”来到病房后，他讲这事给安妈听，安妈说：“钱没关系啦，你能帮助别人是好事。”

接下来几个月，小安在公司的进步大家有目共睹，加上母亲病况略有好转，没多久也回家休养，半年后，家庭与工作终于都看见曙光。

公司评估小安的专业知识大有进步后，给了他一份有潜力的“静止户”名单开始做 cold call（陌生电访）。资料虽然有很多笔，但“静止户”不下单就是不下单，经过夜以继日地跟客户交流之后，终于有几户开始动了起来。

小安把过去在医院照顾妈妈的时间，都用来打电话，几次分公司经理要下班时，都看到小安还在与客户电话交谈，经理人对他的拼劲也非常感动。

几个月后，开始有单月攀上巅峰的佳绩出现。慢慢地，他进入公司的业绩排行榜领先群中；2013 年更拿下了公司最佳潜力新人奖的殊荣，小安在入职第二年被晋升为襄理。

有时候，一直抱怨并不能成事

不过，连小安自己也搞不懂的是，有位小姐，小安建议什么，她二话不说就听从建议，该名客户也从“静止户”名单中，变成小安的前几名大户。被难伺候的客户缠习惯的小安，还真不习惯太好的客人，更重要的是，该名小姐始终不愿意跟小安见面。

小安终于利用过年前的机会，循着公司建档的地址前去拜访该名小姐，借着致送年历之名，想见见她到底是谁。到了木栅的静巷内，他看到一位外劳（外籍劳工）推着轮椅，椅子上坐的好像就是前年在医院门口借走他一千元钱的老妇人，上前了解之后，才发现该名小姐正是老妇人的女儿。

去年“静止户”电访时，这位小姐就已经发现小安曾经帮助过她母亲，对于他的专业知识与服务态度持续观察后觉得满意，就把自己在其他家券商的单，转到小安这里，小安这时才恍然大悟……

现在如小安这样奋发向上的年轻人的成功例子我听过很多。大家都在批评草莓族，但不容否认的是，未来的主人翁还是年轻人，而我愿意多给大家希望与鼓励。年轻朋友们，主动伸出你的手，不要躲在网络背后，先试着付出与学习，给自己一个机会，锁定正确目标并且持续努力，我相信假以时日，你们会让批评的人大跌眼镜。

02 至少自己的事自己做

离开房地产中介业已经十五年，老同事趁我较有空时，贴心地约了四位以前的战友喝咖啡，我们一坐下来，不需暖场，就能聊得十分愉快。

请放下手机好吗?

荣哥是我们几个店长中对房地产工作最坚持的，这十多年来不仅继续从事房屋中介工作，而且还兼做大学附近的套房投资。那天说到自己时不时还要兼做物业管理、催缴水电费与房租，不禁语露无奈。

我对荣哥的工作很感兴趣，当天喝完咖啡后，请他带我去看几间较近的学生套房。

到了某大学附近的出租套房，事前这位学生跟荣哥约好要退租，并约了父母亲从中部开车北上，帮他把东西载回家，随即要到南部某优质大学继续念研究所。

到了房门口，门没关，里面已有说话声。荣哥礼貌地跟学生家长打了招呼，我只闻到一股怪味。一进去，看到满地的发票、便利商店的塑胶袋、宝特瓶（PET）与运动衣裤，还有两袋没丢的垃圾，里面的便当早已臭酸。老实说，我没兴趣多待一秒。

学生家长很客气，也知道房间很乱，连忙跟我们说不好意思。荣哥不愧是做生意的料，直说没关系，还打趣地跟家长说：“我们先把押金和水电费结一结吧。”

只见学生家长把大男孩的物品，装进早已准备的纸箱中，两位年约五十多岁的中年父母，挥汗如雨，搬着重重的书。爸爸的衣服早已湿透，脖子上挂的一条毛巾也几乎湿了，妈妈右膝盖上的护膝则紧紧缠着。看来两位老人帮宝贝儿子收拾房间也有几十分钟了。

而宝贝儿子正坐在床上划拉着他的手机，玩着他的游戏，嘴里不时冒出脏字。

荣哥带着一点不悦又不能太责备的口吻说着：“同学，你去阳台把衣架跟拖鞋收进来吧，我跟你结完账以后，还要赶去下一间套房。”

大男孩说：“没关系啦，我妈知道拖鞋跟衣架放在哪里。”他头也没回地跟荣哥讲话。

爸妈都不说话，我们也不好说什么。

荣哥实在看不下去了，索性把衣袖卷起，帮起二老的忙；把书本叠一叠，顺手装进箱子里。荣哥都如此了，那收拾拖鞋跟衣架就应该是我的工作了。

只见双亲一直跟我们说：“不用啦，我们来就可以了。”

荣哥随即故意大声嚷嚷：“赶快结完账，我还要赶下一间呢。”可是我明明知道荣哥晚上没事。

孩子这样，父母该怎么办？

晚上荣哥请我到大学旁的牛排店吃晚餐，只见荣哥用怨叹到不行的口吻，一直抱怨他套房最近出现的衰事。

他最近很倒霉，出租套房都遇到催缴多次的、索性不缴的、催缴隔天就不见的，还有让他最头痛的就属“半夜夺命连环电话”了。

荣哥半年内三次接到某名大学生的电话，其在晚上三四点唱完歌或是吃完消夜后，带点醉意地跟他说：“大哥，我没带钥匙，进不去，你来帮我开门好不好？”

第一次荣哥没办法忍住恻隐之心，帮他开了门。第二次荣哥要学生自己骑车到他家楼下来拿钥匙。第三次三更半夜打来，他真的火了，一气之下说出要学生去住旅馆。学生哭着说没钱，他只好又去帮学生开了一次门，我听了直呼不可思议。

我有两个儿子，老实说，很难想象要是我的孩子做出这些行为，我该怎么办。

我大学毕业后进入电子公司担任人力资源专员工作。前三个月，就因为遇到举办秋季旅游，弄得桌面太乱，被我的主管狠批了两次。第二次他甚至说：“你要是因为桌子太乱被我说第三次，你明天就不用来上班了。”这句话我一直牢记在心，这也影响了我往后二十多年的工作习惯。

关于上述的搬家例子，我还有个疑问：为何明明要搬家，孩子在玩手机、一副若无其事的模样，爸妈都不说话，反倒是我们这些大叔看不下去？

我觉得，这孩子的父母亲要负最大的责任。我始终认为，每位家长若能把自己小孩教养好，让他们出社会能够成为一个“有用”的人，无论职位、薪资高低，小孩能够养活自己（先别提孝顺），不要造成社会负担，父母亲就是对社会有显著贡献了。

我真的衷心希望，我看到的这个案例只是特例。

03 年轻人不难带，是时代的观念要变

过年期间与学生时代童军团的好友相聚，才知现在的童军团与服务性社团在各大学、高中都招生不易，大家感叹时代变了。

时代真的变了?

我们这群童军团的朋友，毕业后二十几年都会不定时相聚，今年感触特别多，不是大家老了，是以前的热血社团快要倒社，回忆没人延续了。

现在的学生都说：

“还要旗语干什么？有 LINE 就好了。”

“还要露营搭帐篷做什么？到处都有旅馆。”

“还要绳结做什么？到处都是便利商店。”

“还要观星象做什么？我们都有 GPS……”

虽然我们这群中年大叔对童军团的想法，年轻人一辈子也不会懂，童军团的意义肯定比年轻人想的多更多，不过话说回来，年轻人说的好像也没错。

随后大家话锋一转，又开始谈及年轻人多难带、态度不佳、思想诡异之类的，我每次听到这个都感觉很无趣，因为只要是老人聚会都会听到这种老掉牙的话题。

我真的很想幻想一下，80 后、90 后的聚会里，会不会也在说我们这些 60 后、70 后的大叔、大姐冥顽固执、思想老旧、想法呆板之类的，这世界未来到底是 60 后、70 后的时代，还是属于 80 后、90 后的天下？这世界未来的趋势到底是什么？到底是年轻人难带，还是老人不会带新人？还是老一辈给了新人不想要的东西？答案好像已经越辩越明，呼之欲出了。

或许是我运气好，我周边出现了很多优秀的年轻人，他们的专业知识或许不足，经验或许没有我们丰富，但是大多很聪明，也很愿意学习。吃苦耐劳程度也许普普通通，但是只要目标清楚，他们是有机会被训练成大器的。

之前受邀参加知名电视台的谈话性节目，谈及青年人就业的议题，主持人与其他来宾都谈及年轻人失业率偏高，但招聘制又成效不彰的双重吊诡；或许议题久议不决的真正原因不仅是其中不仅有薪资问题，还包含其他因素。

我承认薪资真的很重要，薪资不高哪来工作乐趣与成就动机？但是一味把议题导引到薪资问题，好似所有责任都是最上面老板的问题，与基层或中阶主管无关，似乎也不正确。一线主管因为薪资水准不是他们能决定的，以致都容易用以前成功过的管理思维，去带那些新鲜“草莓族”，而他们明明不吃这一套，这种管理风格，我也始终不以为然。

就职第一要点：做有兴趣的工作

其实工作无分好坏，只有适合与否。

很烂的公司还不是有人做得好好的，幸福企业也有人离职，三百六十行只要肯做，我相信行行出状元。若非如此，吴宝春、阿基师这样的成功例子，就不会被大家广泛讨论了。

“有兴趣的工作”，是我认为年轻人应该修习的第一堂课。

或许工作不会差异太大，但太多例子告诉我，跟对主管，工作变有趣；跟不对主管，幸福企业也有血汗部门。

其次是“赞赏员工的成就”，千万不要变成一个“狗嘴里吐不出象牙来”的惹人厌主管。

赞赏员工成就，当然要分“大成就、中成就、小成就”，定义依各公司而有所不同。员工也要分“资深人员与资浅人员”，奖励模式也可以分成实质与非实质，不一定只是钱，还有更多样的奖励方式，并不仅限于口头奖励。我看过很多主管会适时写下一张卡片给同仁，这样做效果很不错。当然，赞赏也要吻合“立即、公平、公开”三原则。

举例来说，新人有个微不足道的小成就，就要好好鼓励他，更不要说是比较特别的特殊贡献了；对资深人员，也不用一件小事做得很好，就要公开表扬，这样太矫情；但如果一年到头只有口头奖励，缺少实质的回馈，恐怕也效果不彰，无法达成管理目的。

最后是“归属感”，这一点最容易做到，也最不需要花大钱。

创造一种家的感觉，给新员工一种关怀和爱，我认为这是部门主管最重要的使命。我在职场看到男性主管在这个能力上，普遍仍有需要学习之处，不妨多运用部门秘书，或是多与女性主管互相讨论，相信可以找到不同的见解与施力点。

最后，宪哥要提醒大家的是，“好汉不提当年勇”，或者说“好汉当年谁不勇”，只会说我以前怎样厉害……现在新人都不吃这套啦。能顺应潮流、因时制宜的主管，或许才是在新人面前吃得开的好主管吧。

04 总是新人抽到大奖，公司怎么了？

每年年关将近、尾牙季到来时，无疑就是公司与公司间、产业与产业间的一场年度经营成绩展现的对决赛。

员工才来两周，竟抽到最大奖？

工作二十三年，亲自参加过五十场以上的大小尾牙，无论是担任主持人或是在台下看表演，每一年的尾牙都有不同的体验，但最让我津津乐道的，总是每年特等奖的抽奖时刻。

印象最深刻的是，某年在我曾经服务过的公司尾牙时，有位才来两周的同仁抽到大奖，记忆中特等奖是价值七八万的加拿大来回机票及旅游券，这好运羡煞所有人。于是隔年就将抽特等奖资格，修改为到职半年以上的员工。

然而最让我记忆深刻的不是这位新同事，而是那一年公司的离职率特别高。

办公室的同事几乎换了三分之一，不会走的员工还是占着位置。容易离职的位置，一年曾换过两三名员工，职缺时常在内外部招聘渠道上看到招聘新人。于是近几年，我常问我的朋友：“你们公司今年抽到特等奖的员工，到职几年？”用这个指标可以观察该公司的离职率与平均服务年资。

大型公司的员工人数众多，样本数多，各种大奖数量也多，从得奖员工的年资来看公司的离职率，其实可以看出些许公司人力状况的端倪。小公司样本少，那就把这指标当作是趣味也无妨吧！

我不否认，抽奖有其运气成分存在，虽然与统计学者期待的样本数不一定能完全符合，但我这几年对某些公司的粗略观察，其实还蛮准的。我想特别强调，其实适度的离职率有助于公司新陈代谢，不见得全然是坏事，但离职率若高到一定程度，恐怕会对公司造成相当的打击与负面影响。相反，公司每年抽到大奖的都是资深员工，离职率偏低，甚至几乎等于零，这样的公司虽然相对稳定，但或许也很难变出新把戏。

前些日子，有某家人力银行公司做的调查指出，因为这一年年终奖金各产业普遍偏低，有意离职的职场工作者也不见得会撑到领完年终奖金才离职。于是，在公司尾牙酒酣耳热之际，若见到邻桌几位完全不认识的同事时，你也不要觉得太意外。

我常说：“一家公司就像一队职业棒球队，如果都是老人就很难夺冠，但都是新人很没经验。若有完整的老中青三代，这种公司很难出现！”原因很简单，老板不一定会重视人才比例的问题，公司能赚钱就好，管他什么人才比例呢！于是卓越的公司与普通的公司，差别就在衔接老中青三代“mentor”制度的导入了。

Mentor 是新人的良师益友

Mentor，无论中文说成师徒制、学长制、导师制、辅导员制、训练员制……中文名称千奇百怪，但英文就用 mentor 这个词。这个字有“导师”“良师益友”的意涵存在，它与另一个字 mental（精神上的、心理上的）是同一个字根系列的字。因此，我对公司导入 mentor 制度下了一个简单定义：“mentor 是要成为新进员工在心理上或精神上的良师益友，在工作上的教导者，以及成长进步的导师。”

通常 mentor 在公司有三个重要的职责与使命:

1. 传递公司文化与策略目标，当然还肩负日常工作专业技术的教导。
2. 缩短人员的培训时间，减少人员在替补上的“机会成本”，强化该单位的整体战斗力。
3. 减少人才流失，强化公司在市场上的竞争力。

所以，一般公司都会是资深员工或是主管来扮演这角色，问题是，担任 mentor 或训练新人不是人力资源部的事情吗?关我们什么事?我想这就是公司要去塑造与建立企业文化最困难的地方了。

我一直觉得新人会不会离职，不必一直跟公司扯上关系，即使再烂的公司，也有人做得好好的，再好的公司，也会有适度的人员流动。不必太去责怪公司。

离职的原因，新人自己占百分之五十。如果他待下去，有一半的原因都是因为自己。年轻时忍不下去的，三十岁成家立业后说不定就忍住了；以前会为了钱工作，说不定四十岁以后想法就变了。我倒是一直很正面地看待员工离职这件事，因为有一半原因都跟他个人当时的想法有关。

另外，公司大小环境占百分之三十，公司若整体环境倾向善待新人，对新人友好，新人留用比例当然高。反之公司大环境与该部门的小环境倾向排挤新人、仇视新人、不理睬新人，新人甚至待不到一周，拍拍屁股走人的案例也比比皆是。

最后 mentor 指导者占百分之二十，扮演 mentor 的员工也不用压力太大，能尽量设身处地地为新人着想，带领新进员工就好。试想，自己刚进这公司前三个月的心情是什么？现在的他需要什么？常想这两点，一定可以为新人留用加分不少。

当然，老板绝对不会把新人交给一个看起来比新人还笨的资深员工带。所以，带新人就是获得老板肯定的第一步。不要说自己没时间，试试看，一定可以做得还不错的。

05 守时、专注，面试官一定会用你

面试的态度决定公司要不要用你

录完广播节目后，我邀请三位小友到咖啡店，我们从年轻人的就业话题聊起，我问小雀：“你这个工作是怎么找到的？”

小雀是私立大学毕业，在外国念 MBA，毕竟喝过洋墨水，虽然年轻，谈吐间却多了点自信。到广告公司工作是她的梦想，她有计划性地投递履历，只不过试了几家公司，对方都没有录用她。原因很简单，公司都认为她不是相关科系毕业，而且没有工作经验，起薪要求又比一般的新人还高。

然后呢？

她现在任职的公司在世贸附近，两年多前的夏天，人力资源部约她八点半复试，她八点不到就在附近的便利商店稍作准备，吃完早餐后，还持续上网浏览该公司的广告作品与成功案例，并在脑中重复演练应答问题的画面。小雀在初试时表现不错，希望这次能一圆梦想。

“八点半面试会不会太早？”我惊讶地问她。

她也觉得奇怪，哪有公司约八点半复试的？

一如往常，她进到了会议室，对三位复试官的问题侃侃而谈，丝毫不受前几次面试失败的影响，面试结束后就走出会议室稍作休息。

录取的原因到底是什么？

小雀回答：“主管说，过去的复试都约在九点半的主管会议前面一小时，从来没有一位面试者准时过。”主管觉得小雀的应答很得体，专业也不赖，重点是非常守时，没有广告经验可以再培养。

我问小雀，你住哪里？她说：“桃园，面试那天搭早班火车来台北，但现在搬来台北跟姐姐一起住。”

这个新人，不是一般的新人，结实又强壮，这家广告公司她一待就是快三年。

随后我问了阿杰，你有印象深刻的面试经验吗？

阿杰在全球知名的网络公司上班，六年多来表现非常优异，人家说他官运亨通，谈话中，我倒是觉得他总有一股不服输的业务精神。

阿杰跟我们分享他的经历，有次跟着老板进去会议室复试业务人员，这是一场“多对多复试”。面试官三人，应试者有五人，很创新又多元的面试方式。这种面谈法的优点是，可以立即看出应试者在竞争环境下的突出表现，也可以找到具有大将之风的好手；缺点则是对于临场反应较差，但是专业素质优异的好手，难免会有遗珠之憾。

进行的方式是，面试官要求五位应试者，逐一用英文自我介绍两分钟，第一轮高下立判；第二轮面试官依序用中文针对特定问题询问其中几位；第三轮再针对仍有疑虑的问题，询问某位特定应试者。这时候就发现，连续两轮都没被问到问题的某位应试者，开始低头玩手机，这时坐在观察区的阿杰都看傻了眼。

最后公布的结果阿杰一点也不意外。录取三位，刷掉的两位，一位是已表明来外商是学东西的，两年后还要去海外留学，另一位就是那个玩手机的应试者。

新人想的和主管不一样

由此可知，不管学历再高、资质再聪颖，最后仍将接受职场考验。连面试都会迟到、面试者心不在焉，有多少老板会给第二次机会？专业技术与能力或许都有培养的可能，倘若对于职业的态度不良、敬业精神不够，又如何能在众多职场竞争者中脱颖而出呢？

去年某知名人力银行调查，职场工作者前五年对职场的需求，这份问卷同时调查了主管与员工，吊诡的是，两份调查结果却大异其趣。主管觉得新人要求的前三名依序为：好的待遇、工作的安全性、升迁与成长。而新人填出来的答案竟然依序是：有兴趣的工作、赞赏员工的成就、归属感。

这答案跟各位想的一样吗？

我开始也觉得不应如此，但这几年辅导公司的经验越多，职场教学历练越久，我越觉得有道理。

大家都戏称台湾的职场新人为“草莓族”，真的所谓80后、90后都是“草莓族”吗？我看不然。这或许是所谓职场主流的

60 后、70 后担心自己未来被取代，或是看不起跟自己不尽相同的年轻人，发明的新名词吧？

我并不否认，职场新人因为在生活条件变好的年代出生，所以这或许是他们的原罪；想想我们刚进社会时，不也被老鸟钉到满头包吗？

多给新人机会吧，或许他们不是最优秀的职场工作者，但他们对于人生目标的执着程度都展露无遗。

宪哥在这送给还有梦想的年轻人：“你从哪里开始并不重要，重要的是，你到底要去哪里。”

06 从小地方看他们制胜的关键

“精致的服务”与“深度的文化”是台湾地区产业成长的唯二武器。大家都是从 22K（约 4500 元人民币），甚至更低的薪资开始打拼，靠着专业与热情，直到做出外人看到的这一点小小成绩。这是手提袋与笔记本给我的启示。

细心的店长、发哥与软实力

有次受电影公司之邀看了一场试映会。由于当天我从台中北上，身上提着大包小包，显得有些笨重与不便，于是到先前上过课的连锁门市，找了位我认识的店长，顺便拜托她，帮我看顾东西。

电影看完后，又忙着别的事，所有事情完成后，已经接近十点，百货公司即将打烊。我担心东西拿不到，急急忙忙再回到三楼拿我的东西。店长为了等我，延后了下班时间。我看到原本装书的旧提袋，外头已经换了一个崭新又漂亮的新手提袋，我问她:“为何帮我装了一个新手提袋？”

她回答：“旧的已经快破了，我怕你里面的书很重，很多本会掉出来，这也算是顺便帮我们公司打一下广告啊！”

我直说:“你好贴心。”

她的细心还不止如此。她特别把我叫到旁边说：“宪哥还记得上回上课时，我们店里有位优秀的组长吗？她下周要接受杂志专访，给她鼓励打气跟赞美一下吧！还有，别说是我说的哦！”

我当然照办。

离去时，她不忘送我走出店门。行走中，又提醒一位店员要做好文具区的排面整理，我顿时觉得，难怪她会成功，这就是所谓的软实力吧。

另一个软实力的例子是，有次我想把平时很少开的大车卖了换小车，车行的营业点就在我家对面不远。当天遇到的销售员非常专业也很热诚，名片上还有“年度精英业代”字样。他非常热心地介绍这款新车，带着我试乘、找二手车商估我的旧车。临走前，很积极地要我留下资料，并试图当天结案。

我告知他，先让我去吃中午饭，明天一定回他消息。其实，我想要打电话给发哥。

发哥是我的汽车顾问，已经卖了我两部车，过去十年保险、理赔、服务都是他在做。只不过他最近比较专注在双 B 与租赁业务方面，我们比较少见面，不过年节还是会收到他的短信与问候电话。

专业与热情造就服务力

“发哥，我要买车。”

我在电话那一头，把我的需求与相关信息跟他说后，约好四点来我家。

不过没想到，三点不到，“精英业代”已先一步到我家按门铃。他说要送我来店礼，老婆先一步把他拒在门外。我忽然感觉，他真的好有诚意又积极，以我的标准，他已经合格了。

四点一到，发哥出现了，他那本泛黄的笔记本十年没换过，里面记载了所有客户换车的信息。翻到了我那一页，我瞠目结舌，关于我车的相关纪录，密密麻麻、巨细靡遗，经过他的三寸不烂之舌，一个小时后，我签了合约，也把旧车一并给处理掉了。

他已经卖车二十多年，经手处理过近五千辆新旧车买卖，也提到了很多我以前同事的工作变化，简直就是“车通、人通、信息通”。

我问他，21 世纪，为何不用笔记本电脑、平板电脑来服务顾客呢？他提到:“这是我二十年来的宝贝，我舍不得。”

其实我心中浮出的一句话是:“我也舍不得换掉你。”

隔天，发哥把我的旧车牵走，还准备了一台刚洗好、打好蜡的小车，供我当作新车交车前的代步车。

女店长与发哥的例子都告诉了我们，企业经营的差异化就在服务，而且决胜关键就在一些微不足道的小事上。说穿了，这两件事好像都微不足道，但他们两位都做得如此自然。

更让我感动的是，女店长因为去年骑摩托车出车祸，右手还未完全康复，需要靠康复训练才能完全恢复。而发哥年纪大了，不像“精英业代”这样年轻，充满干劲与热情，可是他展现出来的是立即、精准、老练的业务操作技术，对于从事或是有心从事业务工作的人来说，前辈的确是值得学习的榜样。

我常说："专业让你称职，热情让你杰出。"上述两位都算是我的朋友，在他们的领域中，持续养成专业技术，对工作表现持续精进，对于人的关怀从不马虎，他们虽然年纪差距甚大，但都拥有同样的工作表现。

薪水的多寡是建立在你花了多少心力上，当心力与责任感成为工作的一环时，无论年纪，软实力都会成为工作制胜的关键。

07 我该不该在同间公司，从菜鸟待到退休?

几年前，我到某家公司上课前，人力资源部主管丁老大为了课程访谈以及礼貌款待，晚餐时特别希望我留下，与他和负责训练的同仁共进晚餐。席间我特别问他：“贵公司的福利如何？”他逗趣地回答：“公司的福利好到爆，公司若没赶我走，应该会待到退休吧！”

年前，我收到丁老大的短信，他被公司资遣了，他在公司待了二十一年半。

只是出席，其实无功

老实说，他们公司福利真的很好，好到没话说，相较于同产业的其他公司，福利与用人制度都算是业界翘楚。丁老大从退伍后的第二家公司起，就在这里服务，从人力资源部办事员开始做起，到人力资源部专员，期间也历练了人力资源部课长，总务课长，人力资源部副理、经理，到协理，最后却被公司资遣。因为丁老大熟悉各种人事规章，公司也没亏待他，该给的资遣费一毛也没少，他在年前含泪离开该公司。

除夕前几天，他约我吃饭，于公于私，我都想跟他聊聊。

五十出头的中年男子，要低声下气请我帮忙介绍讲师的工作，我知道，这需要莫大的勇气。我不想刻意给他希望，更不想泼他冷水；以我对他的了解，他很难在讲师工作上有任何机会，我只想听听他吐露心声，我就安静地当个倾听者。顿时，在企业内时常对外部讲师颐指气使、指指点点的伟大协理，那天突然间变成一只小花猫，我真的不胜唏嘘。

丁老大埋怨道："宪哥你知道吗，我对公司有多忠诚？二十多年来，我对公司做出多少贡献？甚至我身体不舒服，都还忍耐且准时来上班。这些年来，累积多少年假未休，帮公司培育出多少优秀员工？公司换了经营阶层，我竟然在第一波资遣员工名单中，你说，公司是不是很无情？"

我仔细地听着。

他继续说道:“我本来以为,人力资源部最高主管,就算公司经营不善面临倒闭,也应该是最后一个帮公司关灯的人。没想到去年公司业绩大幅下滑,我竟然在第一波名单中,我两个儿子还在念大学呀。”

听完他的诉苦后,我只有一种感觉:“出席无功,创造价值才有功。”

大家不要以为只有基层员工会流动,高阶主管的转换战场也是司空见惯。我常跟学员开玩笑说,不管你们怎么动,只要还在产业内,上课都会遇到我。

在甲公司遇到的问题,到乙公司就不会出现吗?离职前对甲公司的厌恶,对乙公司的憧憬,转职后会成真吗?其实不然。

转职只是企业人力的重新盘整,工作者该面对的,终究还是要面对。

终结抬轿人生,展开当责人生

以现在台湾地区的环境而言,各个行业要能从一而终待到退休，已经是缘木求鱼了。至少比起二十年前的产业环境变数复杂许多，就算能在同一个公司继续待到退休，职场工作者到底该不该这样做呢？

我个人并不鼓励，原因有三：

1. 退休前十年，资深员工对公司产生的边际效益与薪资价值会逐渐下滑，至少比起员工在任职第三年到第十五年所产生的价值还要低。此时，公司若遇到一个风吹草动，资深员工很容易变成首波开铡的对象，理由无他，就是因为薪资太高。
2. 资历过长很容易让员工自然而然养成待在舒适圈的特质。不是说资深员工不好，而是环境与人性使然，此时“温水煮青蛙”的效应很容易产生。
3. “职业生涯”四字，本身就有磨炼、历练与高低起伏的意涵存在。在同一公司、同一个工作职位待太久，会让人“自动缺少”更大的磨炼机会，自愿或非自愿转职时，身上具备的谋生特质匮乏会大幅提高风险程度。

在这里，宪哥给大家一些建议：

1. 我的“薪水是客户付的，不是老板付的”。服务客户不是让老板开心，而是磨炼自身能力。当公司客户群明显出现异状时，就是高风险来临，不要只看老板喜不喜欢你。
2. 公司每个职位都很重要，而你来做，确定会做得比别人更好。就算你职位再普通、影响力再小，都应该改变一点点的现状。
3. “出席无功，创造价值才有功”，不要每天口口声声提你来公司几年，要常常想，你若是公司老板，还会要你坐这个位置吗？
4. 公司请你来，是要你承担责任、解决问题、荣辱与共的，不是要你在那边每天抱怨东、抱怨西的。
5. 没人能预知明天，“不断学习”绝对是工作的其中一部分，这一点要切记。

最后，为何我可以断定丁老大不适合当企业讲师？因为在同一企业抬轿二十多年，如今五十多岁想出道的他，才发现自己不太会制作教材的 Power Point，以前这些资料都是部属在做，他只负责上台报告。现在才发现自身核心竞争力与新职场的核心竞争力相距太远，真的已经太晚了。

所以建议大家，不要等到像丁老大一样，惊觉自己不被公司需要时才感叹公司没有人情味；随时准备好自己，即使此处不留爷，也自有留爷处。

重点笔记

- 找到自己被看见的点，“从小处发亮、从大处闪耀”。
- 先试着付出与学习，给自己一个机会，锁定正确目标并且持续努力。
- 工作无分好坏，只有适合与否。
- 你从哪里开始并不重要，重要的是，你到底要去哪里。
- 当心力与责任感成为工作的一环时，无论年纪，软实力都会成为工作致胜的关键。
- 出席无功，创造价值才有功。
- 就算你职位再普通、影响力再小，都应该改变一点点的现状。
- 没人能预知明天，“不断学习”绝对是工作的其中一部分。

Part Ⅱ

与同事主管相处，是一辈子的功课

职场里任何同事的关系，都不一定是朋友关系。同事关系是一种“你喜欢他，就容易相处；不喜欢他，也要试着相处”的关系，而老板肯定是其中的代表人物。

没有员工可以选老板，都是老板选员工。你跟到某老板，未来只有两条路可以走：第一，离职换掉老板；第二，好好相处跟他配合。绝对没有“抱怨”这个选项，除非你自己创业。

不过相信我，创业问题更多。

我在从事房地产工作的时候很讨厌某位他店同事，每次带客户看他的房子“动作”一大堆；不但虚情假意，还会说很多假消息来逼迫我的买方，久而久之我就不带人看他的房子了。后来我才发现，不止我有这种感觉，很多同事都有这种感觉，时间一久，他的店长才要求他不要对内部同事放虚假又夸张的消息，之后他就离职了。

纵使你很讨厌在工作职场中那些伪装或逢迎的人，但你不得不同意，这些人在社会中确实比“有话直说”的人更让人喜欢。你讨厌脸上戴面具，觉得那样超累，但不戴面具，不一定让你变得更受欢迎。

与主管相处，我认为最重要的是“换位思考”，也就是每次与主管交手都要想着：“如果我是他，我会怎么做？”然后再想：“那我此时此刻应该做什么，对我们的关系或工作才有帮助？”这二十三年来我都是这样想的，至少目前的我一路顺遂，还算满意。

就算我坐在板凳上做替补，我也要让老板觉得我是一个可以利用的人，甚至会做得比先发更好。

“老板关系靠经营，同事关系平常心”，如果你问我职场上的人际相处有啥秘诀，就是这十四个字无误了。

08 你不必喜欢你的主管，但要管理他

管理学大师彼得·德鲁克（Peter F·Drucker，1909-2005）曾经提到："你不必喜欢你的主管，更不必恨他，然而却必须管理他。这样，主管才会成为你达成工作目标的'资源'。"但所谓的"向上管理"不等同于拍马屁，毕竟这是两种不同的行为，虽然它们仅是一线之隔。

好员工，就是非你不可吗？

我们无法否认职场环境的复杂性，但若要简单诠释职场的复杂关系，我认为不外乎"纵向关系""横向关系"和"内外关系"。不管是哪一种，永远和主管脱离不了关系。

我有位学员小佩，五年前从某大学企业管理系毕业，毕业学校也不是顶尖名校，我们认识时，她仅是上市公司人力资源

部的小小专员。但靠着她的努力与老板的栽培提拔，她连升三级，今年底已晋升人力资源部的资深课长了，带领三位正职员工加上一位兼职员工。

有时在课堂中遇到小佩，她总是会在中午休息的时候跟我聊聊天；贴心地关照学员的学习状况，尽可能协助管顾公司的职课助理，充分扮演好讲师、助理、学员与公司之间的沟通桥梁的角色。

她不是那种一看就会让人印象深刻的女生，但是只要跟她聊过天，就会发现她的亲和力以及精准的沟通技巧。该她表达看法时，犀利且到位；不该她说话时，沉默聆听。

后来我发现，为何每次重要的课程小佩的老板 Kyle 从未出现，每次都是小佩督课？是老板不关心教育训练，还是非常信任小佩？

小佩有次去南部出差，我跟 Kyle 共同参与某堂课。我跟他同岁，因为共同认识许多企业人力资源部门的朋友，所以一见面就很有话聊。

Kyle 说："宪哥，你一定不相信，人力资源部要是没有小佩，我们就完了。"

是吗？怎么可能？

Kyle 说："公司上下都觉得人力资源部是衙门，五年前自从小佩进来以后，我们部门的气氛变好了，跨部门沟通也顺畅多了。最重要的是，我自己比较内向，善于逻辑分析；但小佩活泼外向，擅长沟通，她的确是我的最佳助手。"

我看到 Kyle 眼神中露出闪耀的光芒，仿佛在告诉我："小佩就是我的爱将。"

好员工向上管理的五大成功要素

我跟 Kyle 边吃中餐边聊天，从他的口中我整理了小佩向上管理的五大成功要素。

1. 清楚老板对自己的工作期望

Kyle 说每次年终（中）面谈，老板把对员工次年期待说完之后，大部分员工不一定会把每件事都放在心上，只有小佩会仔细记下。两周内反复与老板讨论，确定这些期望是不是老板真正想要的，接下来就落实执行。这是 Kyle 最欣赏她的地方。

2.“主动”解决问题

大部分的员工都是正面但被动的过客（passenger），部门内就属小佩是正面且主动的参与者。她总是敏锐地发掘问题，并协助老板解决问题。这一点，Kyle 认为是小佩的职场天赋，她的敏锐度特别高。但我不这样认为，我觉得是小佩总是能站在老板的立场想事情，这对她未来担任主管也会很有帮助。

3. 小佩做出的决定，都会让主管知道

这种“be informed”的能力，小佩的确做得很好。我们都清楚，老板不可能关照部门内所有大小事，但只要是小佩做出的决定，她都会通过发邮件，或是电话留言、一张便条纸留言、一则 LINE 的信息，让老板能清楚掌握部门动态，久而久之老板就会产生信赖感。那种感觉就是老板与副手、心腹的感觉。而她最厉害的地方就是，让老板在“被尊重”与“觉得烦”的中间，找到一个最佳的平衡点。

4. 出自小佩的信息，“准确性”超高

任何文件、资料、报表，甚或是小道消息，只要是出自小佩，精准程度非常高。他说小佩的报表不是最快交，但都能在期限内交出，而且正确性极高。他说是良好的工作习惯与时间管理使然，我也百分之百同意。

5. 小佩会期待老板的“最真实回馈”

小佩最大的优点就是这个，每次在打考绩期间，小佩总是开门见山要老板讲真话。第一次 Kyle 还吓一大跳，哪有员工会要听真话。久而久之，老板也非常清楚，哪位员工要求最真实的回馈，他往往就是老板最信任的员工，这一点，我也十分认同。

你一定会问，天底下哪有这种员工！我相信有，我跟小佩虽然不是时常接触，但对她在职场的美誉度，我从老板与同事间，早已时有耳闻。

我问 Kyle：“小佩有没有缺点？”

他回：“有，她在我的部门，让我的考绩总是因为她而提高标准，其他同仁的考绩，就真的很挣扎了。”

所以，在职场环境中，“大多老板选员工，鲜少员工选老板”。若是想要在职场平步青云、长久发展，那么找到一套适合自己的向上管理学，的确是上班族三十年的奋斗功课啊！

09 不要害怕直接面对老板，机会就是你的

担任企业讲师有趣的地方就是，可以在很短的时间之内，看到形形色色的企业经营与管理模式，以及职场间微妙的人际关系与互动。

老板来了，我该不该上去迎接？

某天台北的平日课程，我到一家规模不算小的上市公司总部去上“一级主管的当责执行力”课程，人力资源部特别嘱咐我，总经理可能在下午两点多到教室关心课程与学员学习状况。我直说：“没关系，来吧！”

两点二十五分，总经理果真出现，他那种不苟言笑、严肃冷酷的脸部表情，连我看了都不寒而栗。学员并不知道总经理

到场，人力资源部中只有坐在后方的招募专员 Ann 在现场。人力资源部经理与训练副理都不在教室，但 Ann 坐得老远，始终不敢靠近老总。只见管顾老板连忙上去递上一本讲义，跟总经理报告目前引导的游戏进展与课程进度。我跟他微笑挥手，他也比出手势要我继续。

休息时间，人力资源部经理与我一同向总经理简报今天课程的要点。总经理单刀直入问了我一句："宪哥，你觉得这一届跟上一届有何不同？"我简单用了三十秒跟他说明后，他跟我握手，面带微笑地说："谢谢你，辛苦了。"并接着说："不用理我，我只在后面看，你就按照原先的课程规划继续进行就好。"

接着，人力资源部经理礼貌性地端了一碗冰豆花给我。随后管顾老板靠过来跟她聊天，当说到"为何 Ann 这么怕总经理"时，经理说："训练副理 Jessica 是 Ann 的同届，三年半前一起进到公司人力资源部，三年后，Jessica 已经高升副理，Ann 却还在当专员。"

他继续说："她们两位都是大学相关科系毕业，条件本无太大差别，这几年，Jessica 每每在重要场合上台报告，都表现得落落大方；而 Ann 总是闪躲上台，真的要简报时也零零落落。

这次连总经理坐在旁边这大好机会都没有把握。唉，升迁这件事，我真的很难帮得了她。她今天这样，我一点也不意外。”

成功关键无他，就只是“敢”而已

有本书中提到，举凡这些CEO、CFO、CTO、COO等“CXO”，都有一些“α 型人格征候群”。这群生活在竞争、权力挂帅环境中的高级主管，虽然看似位高权重，但是也常处在高处不胜寒的窘境中。也正因为“数据导向”“缺乏耐心”“咄咄逼人”“时间压力大”“令人生畏”等五大人格特征，致使他们位置越来越高，内部朋友却越来越少，没人敢接近他们。

但根据我的观察，总经理进到教室那一瞬间，他的确望了一下Ann，而她却假装没看见似的低下头去，错失了第一时间跟老总报告课程进度的时机。老总似乎也觉得她不行，便没继续多问，他俩坐得最近，却像最陌生的两个人。

面对高级主管的口头简报该如何做呢？我问了一下管顾老板Tracy：“你刚刚靠过去跟老总说了什么？”

她笑着说：“也没什么啦，我就小声说：简总经理您好，我

是 ×× 企管顾问公司的课程负责人 Tracy，我花三十秒跟您报告一下课程进度。宪哥前面四十分钟在带某某游戏，目前正在做课程后续的引导与收敛，一分钟前研发部经理 Jack 问了一个问题，宪哥正引用‘赛局理论’说明他的看法与建议，欢迎您跟我们共同参与。”

我大笑，直说：“哈哈，你真专业。”Tracy 笑得更是开心。

我问：“总经理说了些什么？”

管顾老板说：“他说，很好，很好啊，后面还有四届的课程，全部按照进度继续开。”

在此，我整理这个案例的五大成功关键。

1. 老板也是人，他进到陌生场域时，也希望同仁适度关心他，即使仅是递上一本讲义，也是基本的礼貌。
2. 在上课的教室里，只能小声说话，而且不能讲废话，三十秒刚好。
3. 简报或报告真的与口才无关，言简意赅、切中要点肯定是关键。
4. 让总经理清楚掌握“时间与进度”，“三十秒”“四十分钟”“一分钟前”都是很赞的报告语言。

5. 清楚报告进度后，将 CXO 高阶融入整个场域，协助他迅速进入状态。

我终于体会到，“简报真是职场中最不公平的竞赛”，但任何人都可以轻松观察出谁是用心与不用心的人。

孟子曰：“说大人，则藐之。”千万不要害怕 CXO 们，多试着跟他们谈话吧。电梯里、茶水间、走廊上，甚至会议室，他们也是平凡人，更不想高处不胜寒啊。

10 不要小看公司的尾牙，上台表演大加分

每年在尾牙前夕的金融业内训课程中，员工在教室里互相讨论的不是课程，而是晚上的尾牙。甚至，有几名学员早上的发型像是特别设计过。果不其然，这几位学员还没开始上课就跑来跟我说："宪哥，我们公司今天晚上尾牙，我们是表演者，今天下午三点会先离开。"我连忙说："加油，加油。"

尾牙摸彩顺序，原来大有学问

对于刚毕业的我来说，人生第一次参加尾牙，觉得很特别。

我 1991 年进到电子公司担任人力资源管理师的工作，隔年人力资源部筹办厂区尾牙，老板要我想办法弄出一个表演节目。第一年还反映不赖，第二年顺理成章地接下尾牙主持棒，

开启了我跟尾牙的不解之缘。随后每一年的尾牙，我好像都有事，不是主持人，就是表演者，要不然就是福委会的成员；要能好好吃一顿，真的不容易。

大公司的尾牙为何都有员工上台表演？不能好好吃顿饭吗？不能只有摸彩吗？尾牙的过程代表了哪些意义呢？其实有几点可以观察。

1. **尾牙摸彩人的顺序：**好像都跟这个场域的职位与影响力有关。抽出大奖的摸彩人，一定要经过刻意安排，这位在压轴时才出场的大老板，往往跟请歌手助阵的尾牙，或是各地的年终跨年晚会，唱压轴的大牌歌星的出场顺序一样。千万不能得罪人，尤其不要得罪老板们。
2. **主桌的安排：**肯定是华人世界最重视的礼仪。看起来仿佛大家都不在意尾牙座位，其实每个人都在乎他今年到底坐哪个位置。
3. **敬酒政治学：**老板跟谁敬酒？敬酒时说了什么话、跟谁说话最多、跟谁勾肩搭背？或许是酒后吐真言，我常看到老板在打年终考绩时说不出的话，在尾牙敬酒时就全盘托出了！

4. **要求老板奖金加码：**临时要求老板加码贡献现金奖，固然可以拉抬尾牙终场气氛，若是老板也欣然接受，主持人肯定被记上大功一笔。问题是，老板若没有心理准备，就被主持人或台下起哄瞎搅和，老板肯定会记仇。若是老板可以把尾牙奖金报公账也就罢了，你要老板私下掏腰包，老板又是被半强迫，主持人肯定黑掉一大半。

5. **观察今年流行曲与流行语：**从韩国舞曲《nobody》《江南 style》到《保庇舞曲》再到跳针跳针《姐姐》，从《海角七号》、《那些年》、《色戒》、军教片、眷村怀旧片，到《钢铁人》《蜘蛛侠》《007》《复仇者联盟》的模仿秀……尾牙肯定就是一场年度流行话题的缩影。

6. **部门表演，是公司大型的角力赛：**部门表演活动时的参与人数、表演水准，以及上上下下动用的资源，肯定是一场公司内部的角力赛。咱们肯定要输人不输阵，业绩输给别人也就罢了，连尾牙表演都输给他人，部门主管在公司内部想红，很难。

尾牙一定要上去表演吗？

我就曾经听过某位科技业高级主管的选才标准：“专业能力都还可以培养，我要挑一位明年可以帮我解决部门尾牙表演的员工。”

在老板的眼中，工作绩效固然很重要，在一年一度的公司大型尾牙上，部门的员工，可以卡上什么位置，主秀表演、主持人、福委……肯定也是老板在跟大老板邀功时的重要功勋战绩。这个政绩就会被以“全方位的员工发展”来呈现。

老板们若被福委邀请上台做反串表演、歌曲舞蹈表演，这就表示在这场域内他还有某种影响力。表演好坏另当别论，被员工大笑一下也无可厚非；若身为老板连上台机会都没有，没有表演，没有上台摸彩，这老板的下场与地位已经略知一二了。

员工也一样，如果你的资历资深到五年来连一次尾牙表演的机会都没有，那么，请注意饭碗可能会被年轻人取代。

然而，员工上台表演到底有什么优缺点呢？

优点 1：能见度大幅提高

我常说，在职场里打滚工作，好歹要有个三五首的“人生主打歌”，必要场合可以救急一下，尾牙肯定就是救急的场合。主打歌不够多也没关系，因为你不会在一个工作场域待一辈子。同样的主打歌，下一个工作机会还可以用。若你要在同一家公司待很久，主打歌肯定要常常更换，否则几年后就不红了。

一首好的主打歌、一个好的表演、一段精彩的反串秀……它可以让你年年保持在大老板前的高能见度。

优点 2：训练胆量

如果你连反串、跳首动感舞都敢了，还有什么事可以难倒你？越丢脸的表演，越显出你的职业生涯弹性大，越会受到员工、同事的爱戴。

优点 3：显示你的多才多艺，创造被利用的价值

若自己是一个在尾牙晚会上还可以派上用场的人，举凡表演、主持、活动规划、摄影、内外部行销宣传……虽然看似跟工作无关，但是这莫非关键业绩指标所产生的职业生涯影响，绝对不亚于关键业绩指标。让老板记住你在尾牙上的杰出表现，这印象肯定比在上千人的公司中工作表现优异所产生的效果高出数倍。

优点 4：联系同仁感情

这一年一度的机会，大家很难得在同一时间为了同一个表演节目练练舞曲、装扮自己，为共同目标努力，这种感觉肯定是来年同仁共同奋斗的试金石。

但也正因为自己的能见度提升、才艺被大幅展现、职业生涯弹性变大数倍、部门同事感情很好，所以在工作上的表现一定也要相对提升，否则被冠上“只会玩，不会工作”的称号，肯定不是什么光彩的事。

我建议各位职场工作者，当主管点名要你上台表演时，不要拿“很忙”当无法参加尾牙表演的借口，毕竟这是一个展现自己工作外才华的机会，要好好把握才是。

11 在公司白目乱说话的下场是……

在职场中我们时常会遇到那种总是在不对的时间，问出不该问出口的问题的同事。这时我们该怎么办呢？关于这点，我刚好有个例子想和大家分享。

机会难得却被白目搞砸

我有位学员 Lisa 和我说，有天她在办公室看到一封全公司都收到的发自执行长的信件，主旨写道：征募参与公司“电子化与创意改善”的专案同仁。这封信让她发现在公司就职三年多以来展现自我的机会。

Lisa 想了一天后，决定先跟老板 Celia 报备她想积极参与本专案的意愿。老板鼓励她要认真加油，可以把本专案当作自己工作能力的最佳磨炼。由于只是专案性质，Lisa 仍属 Celia

麾下，但会利用工作之余参与公司电子化与创意改善的专案运作。得到老板支持之后，Lisa 信心满满地准备下周一跟执行长面谈。

和执行长面谈当天，Lisa 做好万全准备，连同当天的化妆与服装都与平日不同，办公室同事们也都看到她的改变。面试三十分钟之后，Lisa 垂头丧气地走出执行长办公室，直接冲到女厕，三十分钟后才又回到座位上。

隔天，Celia 被执行长请到房间，了解昨天面谈状况。

执行长说："这女孩真的不错，学历、谈吐、工作表现、外貌各方面都不错，就是太白目（指说话不留心眼，或指搞不清楚状况，不会看脸色行事），太像小孩。"

Celia 问道："怎么说呢？"

"聊到最后，我已经决定要邀请她参与专案了，心里还在盘算要如何跟你谈谈她未来的工作分配，我问她'有没有问题要问我？结果她问什么，你知道吗？" Celia 心里也很想知道答案。

"Lisa 问我：'参与这工作有没有加薪？两千也好。'" 执行长当场眉头一皱，把 Lisa 说了一顿，虽然执行长事后表明，自己也很后悔说她说太凶，不过执行长也强调，员工就是要教育。

Celia 点了个头，表示同意，连忙说："对不起，这是我在工作上指导不周，老板请见谅。"

于是，一桩好事变成憾事，Celia 始终认为 Lisa 是开玩笑的，但执行长不信。

职场上发问的四种类型

在这里，我们姑且不论本专案的难度，与未来可能耗费的工作时间。但专案就是专案，或许仅是临时编组。执行长在信中也说得很清楚，希望有志之士参与公司运作。不管 Lisa 知不知道这种组织形态的运作模式，或者天生白目，但不可否认的是，她已经在老板心中留下"爱计较"的印象。

为了让大家尽量避免犯 Lisa 的错，我提出四种常见的职场发问形态。

1. **好球带：**一种你想问，对方也能回答的问题。

我想在职场中，尤其是公事，这种问题占了绝大部分，就像投手频频投出好球一样。打者也期待这种球路，双方就针对公事对谈，虽没有太多火花，职场讲究工作效率，这类问题毕竟是主轴。但职场中的人际关系若仅剩公事，其实是很别扭的。

2. **阿谀奉承的成人对谈：**一种自己不是很想问，但对方总想很认真回答的问题。

以前我从事业务服务工作时，看过很多女业务、女秘书，她们总是能一两句话就让对方打开话匣子。例如："陈大哥，好久不见，你看起来越来越年轻了，都如何保养的啊？""林小姐，你儿子好可爱啊，有学什么才艺啊？""老板，高尔夫球越打越好，教我几招好吗？"我身为旁观者，深知发问者不是很想问，只是想套交情，但对方通常话匣子一开，叽里咕噜讲个不停。双方关系的建立，对于业务与人际推展的帮助极大。

3. **只是问看看：**一种自己不想问，对方其实也懒得回答的问题。

这种问题很常见。当大家在赶时间、面对不想面对的人时，通常这种问题就会出现。例如："今天好冷，你会冷吗？""最近好吗？忙吗？""业务好做吗？"诸如此类的问题，通常是问的人随便问，答的人应该也是随便答答；这种问题对于杀掉些尴尬时间，还挺管用的。但大家不能老是问这类问题，感觉会很敷衍。

4.**“孩童白目”类问题：**一种自己很想问，对方却很难回答，或打死都不会回答的问题。

上面的例子，Lisa 就是问了这类问题，殊不知薪水是很敏感的，加上专案的成绩尚未出现就谈加薪，这不是很白目吗？职场中应该先求表现，再谈加薪不是吗？当我听到这例子时，我一度以为 Lisa 是无心，我跟她相处久了以后，我发现她真的是白目，而且时常问出这类问题，这对她在职场的发展，打击甚大。

讲到这里，给大家几个衷心提醒：

职场环境是人际关系组成的，做事也要先从做人开始，要掌握公事进度，“好球带”问题一定不可少。

但偶尔面对关键人物，可以试图问些对方很想回答的问题，你可以“适度做球”，为自己的人际关系加分；对方回答时，你做个倾听者就对了，人际关系好，做事必然如鱼得水。

但空档时间还多，人与人间出现话很干的时候，此时口袋里要有些“只是问下看看的锦囊话题”，必要时还可以杀时间聊聊。

职场中的人际关系变差，不外乎“说了不该说、问了不该问”的问题。我不鼓励大家在开会或人际对谈时只当个沉默者，应该要适度表达自己的意见、看法与问题，但说话与发问之前，先环顾现场的对象，这问题他想回答吗？会造成彼此尴尬吗？

发问前，多想一秒钟，相信你在职场的人际关系会变得更好，办事效率也肯定会大大提升！

12 座位代表权力，真的，假的？

二十几岁在房地产中介工作时，每位新进业务都很崇拜店长这个职位：能坐在最后面的那个位置，桌面比较大、椅背比较高、位置比较隐秘、讲电话也比较有隐私。工作历练久了以后才体会，座位的配置的确有一套不足为外人道的“座位哲学”。

座位的学问原来这么大

认识二十多年的好友，生日当天我打电话给他祝贺生日，没想到他邀我到公司坐坐。我心想那天也没事，几个月不见，马上答应赴约。

几年前他还是上市公司业务经理时去过他的公司，座位在角落，办公室隔板隔得比较高，也很隐秘。L 型的座位有个侧边桌，方便主管跟员工 get together（G/T，外商专用语法，指的是老板跟员工单独面谈）。

这次去他的公司，座位已经换了，虽然没问他是否升官，但光看座位就知端倪。

新的办公座位是独立区隔间，有独立门窗，透明的玻璃可以看得到窗外，也可以把百叶窗拉下，方便隐秘对谈。房间内有台独立的一对一空调，可自由控制温度，里面有一张会议桌，可以挤下六人开会，窗明几净，看得出来平日有人整理，应该是有秘书帮忙。

名片拿出来一看，五年多来，他已经从业务经理爬到资深业务副总了，可以想见他帮公司打下的欧洲与日本江山，应该是战功彪炳。

我当然清楚，公司在薪资与职衔上，都有相关规定，尤其越大的公司，规定越多。但实际在第一线的操作与执行上，座位是一种看不见的酬庸与影响工具。

刚来的新人，都会坐在最前面，最靠门或是最靠走道的位置上，主管都坐在最后面。慢慢地，人员会有异动，那些还坐在前面的资深员工，通常会帮他们调整一下座位。或许有时不太能大幅加薪，短时间之内也没有管理职缺，但很多大公司，通常会利用年底年初时，在座位的调整上做些文章。

办公室就像一张大棋盘

当然，有些同仁不喜欢跟主管坐得太近。若是资深同仁被酬庸，坐到主管的后方，此时虽得到主管信任，但两人坐太近会有无比的压力。就像我以前在房产中介担任副手时，刚开始坐在店长前面，好像所有电话开发的功力全废。因为生怕店长会说我哪里讲不对、哪里讲不好，偷偷讲私人电话也会怕被主管特别关心。还好我遇到好的主管一路协助我，直到被选上店长。

我常说：办公室，就像一个大棋盘。调动座位，必有其意义存在。站在将、帅旁边的，通常都是比较厉害且高深的仕（士）与相（象）。

也有些公司不喜欢科层组织的传统窠臼，没有非得一定要在大办公室工作、老板一定要坐最后面或是最隐秘的地方。多半新潮的办公座位安排是，大家都在同一区域工作，不分职位大小，大家都坐在一起，座位的面积也都差不多大。

这种座位安排的好处是，主管比较容易跟员工打成一片，沟通顺畅，大家会比较像是家人。这种形式的组织，通常都会直呼主管或同仁的中英文名，通常不会冠上职衔的称呼，会拉近彼此的距离，无所谓好坏，端看组织的特质。

像我以前待过的外商，只有董事长有自己一间办公室，其余的主管与员工都在办公区工作，是非常“以人为本”的组织形态。但缺点就是，座位酬庸的空间相对变小很多。

或许，对老板而言，座位的安排是种资源与筹码；对员工而言，座位的大小与位置，则是一种可以努力的目标与方向吧！

13 流言、攻讦是职场致命伤

五月时，Eason 与 Ted 在公司所举办的奖励旅游中，还在巴厘岛度过了五天四夜黄金单身汉般的日子，几个月后却变得形同陌路。

当秘密莫名地被传播……

去年因为业绩竞赛达到高标，同部门的同事几乎都取得一席无须自费的海外奖励旅游名额，大家期待了很久，旅游也办得很成功，Eason 与 Ted 两人变成无话不谈的好朋友。

但事与愿违的是，今年的产业变化极快，公司决定将原负责北部地区的部门，与原先负责政府部门组织的部门合并。原来身为小部门主管的 Eason，失去了大部门经理的职位，成为新部门老板 Elaine 的副手；原为 Eason 部属的 Ted，如今职位与 Eason 几乎平行。

事实上，北部地区业务部做得远比政府部门业务部好得多，只因为 Elaine 是业界的老手，总经理从业界高薪挖角，请她担任新部门主管一职。

一个三平方米大的区域，坐着北区业务部五个人。除了 Eason 与 Ted 以外，有一位比 Eason 更资深的老鸟、一位刚进来的菜鸟，以及一位业务助理。

总经理对于部门合并案，礼貌性地征询了 Eason 的意见，也在第一时间介绍 Elaine 给他认识。Eason 见总经理似乎已经吃了秤砣铁了心，对部门合并案坚定不移，第一时间也没反对，加上往上升迁的意愿不高，总经理轻轻松松就摆平 Eason。

Elaine 向 Eason 建议，组织合并案尚未定案前，希望不要影响人心，建议他先不要跟部门同事透露消息。Eason 非常尊重新老板的指示，他没说，也没透露半句话。

两周后，部门同事都得知这重大消息后，那个三平方米的办公室隔间，就弥漫着一股诡谲的气氛。

Eason 被收买？他另有发展？他出卖同事？他把我们当外人……所有的耳语马上就传开。

于是，同事之间随即分成两边，一边是赞成合并，一边是反对合并。但不管赞成或反对，合并案木已成舟。

一定要小心且保持正面思考

我建议职场工作者，还是尽量减少上 Facebook 对公事发文的次数，以及降低浏览同事文章或点赞的频率，尤其是老板与部属之间。

Eason 发现大家都躲着他，也发现自己看不到同事间的 Facebook 动态，那种被隔离的感觉，从未有过。以前同事间都会在 Facebook 上互相打气、互相吐槽，如今这种互相依赖的感觉不在了，很陌生，也很无助。

吃午餐不就是要互相“加深一下感情”吗？如今这种感觉也没了。就算感觉迟钝的人，都能清楚知道自己被孤立。

Eason 自认自己没有昧着良心做事，或许唯一的瑕疵是，没有第一时间跟北区业务部同仁讨论合并这档事。被排挤的滋味很不好受，尤其是办公室这种天天会见面的组织环境中。

在 1994 年间，曾发生过被办公室女同事们将大伙抽屉掉钱的离奇事件嫁祸给我的惨痛故事。当时我只有三年的工作经验，虽然已升为主任，但也多次确定我自己不适合担任人力资源部的工作，而毅然决然投入房地产。要离职前一个月恰巧遇到办公室常掉小钱，同事就把所有怀疑的眼光投注在我身上。

我也不知为何，那时只觉得主管与部属慢慢不太爱找我聊天，中午不跟我吃饭；离职前夕没有卡片，没有告别会。那时年轻，也不觉不妥，只能悻悻然离职。没想到，在离职一个半月后，我才接到经理的电话，哭诉她们误会我的不安与自责。

虽然被人误会很不舒服，但接到电话的当下，我唯一可以确定的是："我离职对了"以及"或许这是老天给我的另一种考验"。

现在想想，当时没有这件事，我应该不会离职，也就没有后面六年精彩房地产中介业的璀璨光芒了。那时的我，觉得自己很无辜，现在的我，学会正面思考每件事。

在我与 Eason 的例子中，我学会了两点。

1. 没有经过确认的事，千万要冷静思考，不可以恶意传播，因为这会伤了别人，也可能会伤了自己。

2. 凡事必有其正面意义，或许，这是另一个机会来临前的暗示信号。

最后我要告诉大家，同事就是同事，毕竟不是朋友，在职场利益纠葛之下，关系很容易变质，自己千万要小心面对。只要自己保持坦然心态，用平常心看待一切事情，行得正、坐得直，根本就不怕流言攻击，即使有不愉快事情发生，也只是让自己看清这个环境罢了，所以大家遇到类似的事时，千万不要轻易被击倒。

14 不跟团购就代表没人缘吗?

某日金融业的理专训练课程中，我问学员:“在竞争这么激烈的金融业，你们平常如何减少压力，应对挫折?”前排两位女学员连忙回答:“团购。”全场都笑了。

合不合群跟参不参加团购有关吗?

下课的时候，某位女学员靠过来，把她今天团购才刚送来的蛋糕，切一块请我吃，她说:“我这个月在团购花的钱，高达八千多块。”我愣了一下，三十秒说不出一句话来。

如果我说，越常待在办公室的职务类别，越容易让自己暴露在易于团购的环境中，不为过吧?我在外商工作时的团购需求单，都是秘书放在我们桌上的，然后补上一封电邮，通知我们截止日期与优惠条件。

Cindy 是我以前的同事，现在在贸易公司担任中级主管，还是戒不掉团购的习惯。自从淘宝风行台湾后，她每个月的团购金额更是与日俱增。

几周前老同事一起聚餐时，她还跟我们说里面的东西多便宜、多便宜，于是，她买了十二条丝巾。我吃惊地问她："为什么要买这么多条？"她说每条丝巾的花色都很炫丽，很难选颜色，干脆一种颜色买一条。我回她："还好，我老婆已经没上班了。"

在吃甜点时，她说她们公司有位女同事，每次大家在传阅团购单，或是上网下单要凑人数时，问了她四五次，要不要一起买，她的回答总是："不要啦，团购不要找我！"几次下来后，不仅之后大家团购不找她，连吃中午饭也不找她，Cindy 说她的人际关系真的糟透了。

从前以精致美食、特色小点为主的团购服务，演化到服装、各种票券、时尚美容、运动休闲……真是什么都卖，什么都不奇怪。然而"团购"，顾名思义就是要凑出一定的量，少数人不太可能购买极大量的产品，于是办公室的无辜同事，或许就变成有意团购同事掠夺低廉价格下的牺牲品了。

先不管团购产品是不是比较便宜，团购变成职场文化之一，是你我无法否认的事实。

然而，“我不想买”“我没需要”“我这个月手头紧”“这东西我已经有了”“这东西我以前买过感觉不太好”……大概是我多年观察职场学员或同事，不想参加团购的主要原因，但这真是原因吗？

或许这是真的原因，我也相信这些肯定是原因之一，但办公室就那几人，长期缺了你一个，就好像四个人一起打麻将，你老是借故不打，让其他三个人总是三缺一，你觉得在这里，你可以生存下去吗？

团购是一种疗愈文化

别把团购视为购物行为，要把它视为职场文化。就像是做年度预算，这是不想做也得做的事。试着跟同仁交流一下，把团购当作一种职场社交，点到为止，当作与同事适度交流的机会，大家共享办公室团购的乐趣与购物秘诀，也不赖吧？

尤其是那种东西一送来，大家在办公室顿时放松压力，享受惊奇的谈论与疗愈心情的神奇效果，那种感觉就跟做 SPA 一样。不管实际上有没有芳疗效果，但一群男人或女人在巴厘岛享受 SPA 芳疗，当其中一人说“好棒啊”，接二连三说“好棒”的声音就会此起彼落地出现。

虽然我自己买的不多，但长时间研究办公室社交行为，个人对团购的建议是：

1. **团购时建议不要一直说东西“好便宜”。**毕竟每个人对于“便宜”的定义不同，你认为的便宜，对于有房贷、刚生小宝宝、手头紧的，甚至是家中有不为人知事故的人，都是一笔不小的负担。带头的人，应该尽量描述该产品对于我们这间办公室同仁的利益，而不仅仅是表面上的便宜而已。
2. **想要的很多，需要的不多。**团购还是要量力而为，千万不要为了顾及人际关系，让自己陷入负债或没钱吃饭的无底深渊。
3. **最好跟办公室同事清楚表明在团购上的大概预算，或者会尝试购买的品项**（像我就只会买吃的）。让大家知道，彼此有个默契。你不会尴尬，同事也有依循的标准。

其实如果适度团购可以增进同事情谊，荷包也不致变得太紧，东西也还不赖，我倒认为“团购”是最廉价又有效的职场社交行为。

重点笔记

- 与主管相处，最重要的是“换位思考”。
- 清楚知道老板对自己的工作期望，并落实执行。
- 要求老板对自己的表现“讲真话”，成为老板最信任的员工。
- 任何人都可以轻松观察出谁是用心与不用心的人。
- 打造一套适合自己的向上管理哲学，是上班族三十年的奋斗功课！
- 发问前，多想一秒钟，会大大改善你的人际关系，提升你的办事效率。
- 职场环境是人际关系组成的，做事也要先从做人开始。
- 自己行得正、坐得直，就不怕流言攻击。

Part Ⅲ

小不公平要不要计较?

我常说：“职场里小不公平很多，大不公平没有。”许多人与人的相处问题，当下看来都是痛苦不堪，时间拉长来看都是云淡风轻。如何让自己成为一个“被同事喜欢，被老板利用，被客户尊敬”的职场工作者，我认为是职场上永不退伍的课题。

大家先了解一件事：“职场里充满着不公平，是小不公平。”面对不公平又该如何自处？

之前看了一场棒球比赛，打者击出球之后，用尽力气企图跑上一垒。一垒裁判比出刺杀手势，主播与球评回头看现场重播，很明显看到是安全上垒。击球跑垒员怒摔头盔、一垒手偷笑的表情让我非常期待球评的评论，果不其然，球评接着说：“误判，也是棒球的一部分，这是棒球精彩之处。”在这，我把棒球改成职场也是一样：“不公平”也是职场的一部分。

老实说，我也面对过职场许多不公平的对待，但对我的不公平，或许就是对他人公平吧。对我非常公平，或许就是对他人的另一种不公平。

举例来说，我得到信义君子的殊荣，公平吗？我得到全球总裁奖，公平吗？我得到全台金钟奖，公平吗？我薪水少同阶层两千元，公平吗？我们学历能力都差不多，他比我先升经理，公平吗？我调到郊区店，同事分到市区店，公平吗？

我想说的是，世界上根本没有“公平”二字；法官做不到，总统、宗教领袖、校长、企业名人也根本做不到。但是，所有的不公平在时间拉长之后，都会变成公平了。

公平是一种状态、价值观与态度，它根本不能量化。要面对职场的所有不公平，宪哥的独门心法是：持续让自己壮大。所有的不公平自然烟消云散。看看接下来宪哥这几篇的实例说明吧。

15 我就是有主管缘，有错吗？

有主管缘，不难；有同事缘，也不难；两者都有，很难。

怎么只有你不会被骂

六月初的业务会报中，小咪经理硬着头皮去参加，五月份她的单位业绩超烂，已经有戴钢盔被协理钉到满头包的心理准备。

小咪经理外貌可爱甜美，不认识她的人，根本不会知道她已是两个小孩的妈。平时她的单位都是区域业绩指标，同事主管都很喜欢她，无奈四月份两名大将相继离职，剩下的几位菜鸟与她一起艰苦作战却独木难撑大局，五月份的业绩达成率仅有 72%，这是她接任单位主管至今五年多，业绩最差的一次。

区域内单位主管逐一报告上月业绩达成状况。由于全区业绩都不甚理想，会议席间，在场员工的士气一片哀伤低迷。只见协理脸色沉重，对每个上来报告的主管都疾言厉色，要求本月立即改进。尤其是人员流动的问题，还请人力资源单位派员参加业务会报，共同讨论解决之道。

其中针对一位主管报告的简报，协理大发雷霆，她说道："你业绩烂就算了，连简报都这么烂，你到底想不想继续当主管？"一个大男人被女性主管狂骂以后在台上发抖的样子，全区其他主管都看在眼里。

轮到小咪经理上台，大家都在看协理怎么面对她。印象中，小咪很少被协理骂。只见小咪上台后侃侃而谈，针对五月缺失整理出两点原因，并在简报中列出解决之道与改善的时间进程及实务可行做法。十分钟报告下台前，小咪才当着大家的面跟协理道歉，她说："我对不起大家，让全区业绩受挫，我们会马上迎头赶上，我跟大家一起加油。"

协理在报告后只说了："小咪加油，需要什么资源跟我说，我会帮你找，你答应我们的事，希望你可以说到做到。"

小咪安全"下庄"，全场主管心里或许一阵哗然，一堆问号在心里不断涌出。

工作重要还是好人缘重要

小咪会后就察觉，原本大家开完会后都会安排喝咖啡“续摊”，这次其他经理竟然都没找她。小咪看到其他主管在facebook上的打卡，一阵酸楚涌上心头；她承认有主管缘，但主管缘，有错吗？协理是女的，主管缘又不是异性缘啊？小咪晚上跟我通了十分钟的电话后，我给了她一些意见。

我请小咪经理先“换位思考”，如果你是本单位的主管，喜欢怎样的员工？用上一级角度看本单位，你会怎么看？如果常常这样想，大半主管与部属间的问题都会迎刃而解。

首先，人与人的相处很重缘分。我承认有时我就是喜欢某人，但说不出理由的，我就是没来由的不喜欢某人，也说不出理由的，只能尽量调整自己去迎合别人。尤其是迎合主管，因为没有主管配合部属，都是部属迎合主管管理风格的。但我也要特别提醒身为主管的朋友，你对员工的好恶，肯定是员工私下关系的风向球，对于员工整体公平性、一致性的标准，不可不慎。

其次，主管通常讨厌只会抱怨却没有解决方案的部属。小咪在业务检讨会上预先列出上月的缺点，明确列出解决方案，换作我是老板，我也会再给她一次机会。

第三，公众场合的口语报告能力实在太重要，职场本是“不公平的竞赛”。张三、李四两人一起扛业绩，张三做得很好但上台讲话说得不清不楚，肯定时常被老板钉；李四虽然差一点，上台讲话却能侃侃而谈、长话短说、言简意赅，进而给老板建议或条列出未来该怎么做，通常会得到主管青睐。

第四，职场的信誉是长期累积的。五年来你都不错，上个月意外“滑铁卢”，一般的老板给你一两次机会肯定没问题，但长期累积在主管心目中的信誉非常不简单，但要毁掉，是一夕之间。我鼓励小咪，“诚实信用”是职场长期生存最简单不费力的做法，要是说谎瞒骗，骗得了一时，却难瞒住一世，同事的眼睛都是雪亮的。

最后，同事就是同事，不一定是朋友，大家爱怎么传，那是他们的事，试图迎合所有人，绝对办不到。要先知道职场团体内谁是老大，持续壮大自己的实力，厚植组织内外人际关系。

小情小爱不需太过在乎，等到有一天，自己的业绩持续稳定、高增长，或许主管缘根本不存在了，因为你拥有了所有人的肯定——包括你的主管。

16 加薪要怎么谈才聪明?

老实说，人永远对自己薪水没有满意的一天，但职场环境中许多人对工作抱持着“食之无味，弃之可惜”的态度。对于加薪，总是怀抱着期待，不仅希望摆脱薪水不够用的窘境，更期许自己能被老板看见。

职场并不是非你不可

的确，加薪这档事总是几家欢乐几家愁，在办公室里闷着头不讲话的人，不是加薪已经到了让自己满意的人，就是已经槁木死灰、完全失去信心的人。而我认识的小萍，是后者。

之前在薪资评审的时候，小萍就已经整理她过去一年所有帮公司做的事，大大小小巨细靡遗。我看过她的投影片，真的很详细，她从约聘时代就在这里工作，四年多来，直到升任正式员工也只调过两次薪水，四年来的涨幅不到 10%，重点是从约聘到正式只有加 10%。

小萍对经理说："今年若没有加到 ××，七月过后我'可能'会离职。"

经理也不是省油的灯，马上回击："我向上头争取看看吧。"但小萍感觉经理虽这样说，却不像是真心的。之后和同事提起，资深员工都知道，经理最讨厌别人威胁她。

数字出来之后果然不出所料，不仅没加到该数字，甚至连一般员工平均加薪幅度该有的 3% 到 5% 都不到，只是聊备一格地加了个尾数。当天下午，小萍看着办公室里的同事脸上都带着笑容，而她却哭不出眼泪。

小萍原先谈好的下一个工作，因为晚去报到又与之失之交臂，但留在原单位实在不舒服，调薪后隔天她向人力资源部拿了"单子"，写完后递出去，老板看了她一眼说："你想清楚了吗？"

小萍："经理，我可以调单位吗？"她很担心留在原单位会很尴尬。

经理："你还是离开吧！"

小萍在新的工作未确定，现在工作薪水虽不满意，但工作内容还可以接受的情况下，把原本的工作搞掉了。

小萍来跟我聊，我不想骂她，但我给她真心建议："换作是我，员工语带威胁要求薪水，我也会不高兴。"姑且不论她的工作形态与去年表现如何，但我希望未来她不要再犯同样错误。

职场本就是场不公平的竞赛

首先，调薪不是用"嘴巴争取"的，是用"辛苦度"换来的。我不建议读者和主管说："老板，我真的很辛苦，你知道吗？不给我加薪，我会考虑离职！"当这句话讲出来时你就已经破功了。

辛苦不是用说的，要用做的，甚至是演也要演出来的。真正厉害的员工都是"做出辛苦度"，那种面对老板凡是"答应得很痛苦，却做得很爽快"的辛苦度，是在职场打滚很重要的潜规则。

注意，我不是叫你真的去演戏，你有没有表现大家都看得出来。我是建议你在调薪前三个月注意自己的一言一行，在老板心中留下深刻的辛苦印象。就像职棒打者面对即将调薪的季后赛，就算自己会被刺杀出局，也要全速冲上一垒的道理一样。

其次，公司若不能给你调薪到合理幅度，都会跟你说“共体时艰”。这句话并没有错，但一次共体时艰，两次共体时艰，到底要我共体时艰多久？别傻了，共体时艰是骗你的，“良禽择木而栖”是天经地义的道理，人力的市场本属自由竞争市场，同样的工作若能有更高的薪资，我不会跟你讲大道理，你就去吧。但小心的是，公司间的人力市场竞争，薪资只是其中一环，还有很多要考虑的，文化、同事、福利、教育训练、离家远近、前景……这些都是。

第三，只有“负责”二字很难争取到高幅度加薪。尤其是有“我任劳任怨、没有功劳也有苦劳”这类口头禅的朋友，只有“当责”的人才有机会。

所谓的当责是“负责 + 使命感 + 展现绩效”，重点还是绩效。拼小绩效的累积很难被看到，聪明的人会赌一把大的绩效；有绩效的人，给老板留下“关键印象”真的很重要。简单说，绩效要出现在对的时间才有用。白话一点说，球季赛常打全垒打的人，不如在关键时刻的季后赛，能反败为胜击出关键安打的人。这句话虽有点运气成分存在，却是不变的道理。

最后，还是老话一句：职场本就是不公平的竞赛，保持不败的法则就是，随时随地备好自己的核心能力，待价而沽。很多冲动的话别说太早，行有余力尽量助人，与人为善，做一个可被利用的人。有这心态可持盈保泰，真的，好机会就会出现在你面前的。

记住，面对调薪，很多话不要说得太早，留一条路给老板，也留给自己。

17 无效的会议，是最浪费成本的事

某日“当责执行力”的课程中，我跟学员共同讨论“在职场工作中，浪费工作时间、减损工作效率的十大杀手”。很意外的是，全班三十三位各级主管，在分六组的讨论中，第一名竟然全是“无效的会议”。

有效的会议才能事半功倍

坐在后面听讲，但未参与讨论的总经理听闻答案后，脸色竟然大变。

其中一位学员的报告与回答最令人玩味：“我是来上班的，不是来开会的。”他心中好似有一股怒火，报告时的冲动和语气，似乎不吐不快，坐下来时还多补充一句：“公司的会议已经病入膏肓。”全班都笑了，而总经理的脸色则是越来越难看。

我深入观察职场工作多年，无效会议的问题不外乎“过多”“冗长”“不必要”。除了与会者缺乏信任基础，对于主席、老板或公司长期缺乏共识的组织形态以外，其实上列无效会议都有方法解决。

一般的组织平均约花费 7% 到 15% 的工时成本在开会上，中级主管更高达约 35%，而高级主管几乎花费 60% 的工时成本在开会上。所以说，开会真的是很昂贵的行为。

而我的观察，会议无效肯定是“上梁不正下梁歪”，在上位者要负大多数的责任。在这里我举三个近期看到的例子跟大家分享。

上个月我与久未谋面在大学担任教职的好友，在校园内的咖啡厅碰面，除了聊聊暑假广播专访的内容外，也顺便谈谈今年我在台湾清华大学校园演讲活动的规划。午饭后，他在图书馆里预约了一间小会议室，顺便约了两位承办同仁一起开会。

会议室的预约时间是下午一点到两点，大家聊着聊着好不愉快。未料一点四十五分，会议室里挂在门口墙壁上的小机器发出了悦耳的声音：“你预约时间还剩……十五分钟。”顿时大家全都笑了，随后好友跟我说：“宪哥，你要准备离开了，因为两点钟会准时切掉电源。”

我说：“真有这么严重吗？”他说：“真的会断电。”

此时，我学到的会议管理是：“会议室跟好吃的餐厅一样，一定要预约。”预约后，为防止人性的恶习，辅以科技的协助，必能有效缩短会议时间。

不是开会时间越久成事就越多

三月初我到一家医美诊所，担任口语表达训练的讲师。下午的演练时段，由于课程助理临时去处理下午茶的事宜，不在教室内，没人可以负责按码表计时。学员看出我有些不悦，执行长连忙说：“宪哥别气，我们开会不用助理计时，我介绍你一样好东西。”

电源插上、遥控器一按，墙上的LED计时器立马出现“05:00”字样，他说：“演练时间五分钟一到，它就会哔哔叫了。”

执行长花了一分钟跟我及大家说：“我们公司开会报告，连我在内每一个人都有限制时间，会议通知上会载明每一个人的时间长短，超时就是下台。”随后又说：“我们现在的员工，长话短说的能力都很好，但是比较没重点，才需要你来训练啊。”我露出浅浅的微笑，一家一百多人的公司思维，从执行长会议管理的成功秘诀就略见一二了。

此时，我学到的会议管理是，会议要有效，“执行的人，尤其是上位者”，才是成功的关键。

年后我邀请了十二位企业内训讲师，进行新春团拜以及产业联谊，并请大家准备十五分钟的产业观察报告与过去一年企业训练的经验分享。没想到大家紧张的不是团拜，而是报告。

对这些骁勇善战的企业讲师而言，报告哪会是难事？真正难的是，在十五分钟之内，让台下这些老江湖点头买单，这才是难事。

会前一个月，我知道大家都很认真准备这难度超高的十五分钟报告，我的规定是：“超时满一分钟，捐助慈善单位一千元，超过五分钟，全场会鼓掌逼你下台。”

这时有位老师特别秀出他在平板电脑上的倒数计时器，其就放在简报者的前方，字体大、声音响亮，十分钟后开始出现提示音，随后每隔一分钟都出现提示音。上午十点开始逐一分享，中午还吃饭一小时，十二位老师全部分享与问答完毕，竟不到三点钟，我不是要强调大家有多准时，我是要强调不仅准时，而且在这个过程中，大家有时而欢笑、时而省思、时而笔记、时而互动的愉快享受。

有效率的会议或简报，是可以做到的，而这些老师不仅会说，同时也能做得到。

此时，我学到的会议管理是，有效的会议与简报是需要“被准备”的。除了日常提升员工的工作技能外，还要培养大家养成长话短说的能力。试想，面对台下这群人，应该要说什么，而不是自顾自地，只把你会说的一股脑儿地全都说出来。通过规则、机制、共识和默契，人人都可以成为有效的会议参与者。

最后跟大家分享，影响我会议管理理念最深的一个人，是信义房屋董事长周俊吉先生，他曾经说：“开会迟到多久，就罚站多久，员工是，董事长也是。”希望大家别再深受会议荼毒了！有效会议，从主管做起。

18 私人情感搬上职场，应该吗？

如果说办公室是舞台，那么厕所、茶水间就是后台；如果说座位区是职场宫廷，那么餐厅、复印室、收发文件室，就是后院。

八卦随时流窜的办公室战场

忙碌的工作环境中，老板若要员工完全不谈八卦、没有男女交往，真是难上加难。

几年前我还在职场工作时，一次星期六加班，无意间看见一位妙龄女同事与一位俊俏男业务的名字，同时出现在普吉岛的旅游合约中。当传真机响的那一刻，我以为是我的订单从跟我一样命苦加班的采购端传来的。在欣喜若狂地以为这个月就要达标的当下，没想到看到的是全世界似乎只有我知道的大秘密。

一分钟后，女同事也走进办公室，拿走刚刚那张传真，仿佛这秘密仍旧不为人知地离开。她并不知道这对外貌姣好的单身男女正在交往的信息，已经被第三者悄悄知晓。

我奉行“不关我的事，绝对不会说”的原则，把秘密保持得很好。虽然他们最后以分手收场，没引起太大的波澜，但这件事让我印象深刻，我也替他们庆幸还好这张传真是被我拿到。

另一个例子发生在我学妹的公司。几年前，她们贸易公司发生了一件非常吊诡的事。负责报关的两位女同事在厕所里，大放厥词地说老板娘怎样在公司矮化老板，让老板很没面子、敢怒不敢言。外加老板娘对待员工的苛刻与尖酸刻薄，还大刺刺地讲出名字与发生场景，殊不知老板娘就在隔壁间厕所无声地聆听。

一周后，公司迅速发出招聘报关助理的需求，隔周两人就相继辞职。不管是被逼退，或是自愿离职，“隔墙有耳”这句话，职场工作者不可不慎。

成功与失败的例子我都看过，印象中失败的多更多，原因无他，当工作与恋情、公事与私事扯在一起的时候，再单纯的恋情，都会变得复杂。不过，也有成功的经验。

我在科技业服务时，隔壁部门的秘书与业务，曾经有过一段成功的办公室恋情。大多数的人知道他们在一起的时候，已是拿到喜帖的那几天。他们不仅刻意保持低调，而且还掩人耳目、低调得夸张。

所有同事都知道，他们彼此不合。秘书每次催业务报表，只有对这位业务用吼的；业务也常常会开玩笑说要去追其他楼层的助理，大家还怂恿这位业务赶快行动。殊不知结婚当天，他们在台上和盘托出一年多来所有交往的秘密，让台下的上司与同事瞠目结舌、笑声不断。身为当天婚礼主持的我，目睹了媲美奥斯卡最佳男女主角演戏功力的一对戏精，把大家骗得团团转的全貌。

因为老板曾经说过，只要公司传出男女朋友在同一部门，必定有一人要调单位。但这位业务当年的业绩很有可能达高标，他不想中途换部门，为此，他们忍了一年多。

不要成为八卦传播站

不过那些在后台、后院天天发生的事，的确也为每天在烦闷的办公环境中，多了些许茶余饭后的调剂话题。

我曾经身为部属，也担任过主管，历经角色越多，越觉得以下几件事的重要。

1. 在茶水间、厕所、复印室、收发室等办公室角落的地方，若出现第二名以上的同事，应减少单独相处与交谈的时间。一方面减少被别人误会打混摸鱼的概率，另一方面尽可能让自己减少暴露在八卦危机的风暴中。
2. 没有确定的事情千万不要乱传。一方面建立自己八卦绝缘体的形象，另一方面降低伤人或被伤的概率。
3. 小心隔墙有耳。尤其在寸土寸金的办公室，不要以为你说的话没人听到，其实对方也不想听。问题是办公室面积小，加上隔音或隔间不好，就是会有人听到一些奇奇怪怪的事。
4. 如果是机密或私人文件，要减少使用公用传真机的机会。个人电脑也要设定离座休眠密码。治本之道应是公私分明，私人联系用私人信箱，公私混为一谈必有失误的一天。
5. 现代人的职场环境已经够闷了，又没有交往对象的单身男女肯定更闷。我个人倒觉得“近水楼台先得月”是不变的道理，养成正确的男女交往心态，体谅老板的管理难度，维护办公室伦理与大多数人的工作权益，是大家应有的工作态度。

最后我想说的是，我跟老婆二十二年前也是始于办公室恋情，好运的是她在台北、我在桃园，工作上我们认识，开始交往后我就离开原公司。或许这是我安全“下庄”，没被办公室八卦流言困扰到的原因之一吧！

19 硕士毕业，薪水就能直冲两倍吗？

每年七月，我在金融业 MA（Management Associate，储备干部）的课程就开始多了起来，短短一个月，我就接了三家。

储备干部培训计划

九点的课，我八点半就到了教室，此时的教室不同以往的冷清。还没开始上课，这群 MA 早就开始进行金融晨报。看到轮值的同学在台上侃侃而谈今年的房市趋势，你绝对不会相信他们只是平均年纪大约二十三到二十九岁的 MA，他们专业而自信、沉稳而有纪律。

人力资源部主管见我进教室，连忙跟我道歉，要我稍待片刻，我直说无所谓，正巧在后方顺便观察同学们的上课状况。

这群同学，他们的起薪是一般无工作经验的硕士毕业生的近两倍，薪水是六字头，六成学员的背景是名校的财经研究所，三成是亚洲或欧美的财经研究所，两位是大陆名校的硕士毕业生。而这样诱人的薪水与标准，主管还跟我说今年不好招人，我说："怎么可能，薪水这么高，怎么会不好招？"

主管说："今年全台湾的金融业都动起来了，尤其是外商银行，动作更大。"他继续说："薪水虽高，履历表真的很多，但好的人才难寻，报到前还有两位选择了别家。"

我开始好奇这群学员今天会有如何的表现，在这里我不加油添醋，原汁原味地呈现当天我所看到的。

能拿高薪的五大外显特点

其实我只是外部讲师，他们没必要刻意讨好我，在尽可能用心聆听、用眼观察的呈现原貌下，我归纳了他们能拿高薪的五大特点。

1. **学历是品质保证：**全部都是名校毕业，虽不一定全是台湾大学、斯坦福大学之类，但学校知名度都很高。要拿这份薪水，门票有烫金，的确是第一步；专业经过认证，肯定品质有保证。

2. **综合表达能力极佳：**在金融晨报的过程中，两位主讲者的口才真的让我吓了一跳。会后看了资料，一位二十九岁、一位二十四岁，他们却能在台上言之有物，把很复杂的金融信息与房地产概况，说到让每位同学都参与讨论中，引导与会议的主持能力都属上乘。这跟我常说的“专业，建立在通俗的沟通上”不谋而合。

3. **纪律与习惯：**很特别的是，这些学员有一个共同点，离开座位时会把椅子推进原位；讲义在桌面上放得整整齐齐；下课十分钟除了上厕所与喝水，几乎都在教室内；没有一个人在上课的时候手机响或是接听电话、玩手机。只要有人在台上或组内发表意见时，就安静聆听；发言时会举手……这些习惯看来好像没什么，但对在企业训练教室里待了十年的我而言，这些纪律与习惯，都会是新人在职场的决胜武器。

4. **团队精神：**这是该家金融银行特别强调的精神，当然事先通过神准的“职业适性测验”筛选功不可没。团队精神也不是口头说说，十九位学员进行东西军对抗赛，东军十位、西军九位对战的态势，大家都使出浑身解数想为团队争取更好的成绩。脱鞋、汗水、拼战精神都让我十分感动。

5. **包容与尊重：**十九位学员里包含两位大陆同事，大家一起上课，没有任何不理性行为。学员中有一路跳级的年轻学员；有口才很好但在游戏中选错边的学员；有人表达稍微普通，但拥有很好的逻辑思维；有人领导能力特强；有人不擅公众言词，却拥有高超执行力……大家可以一起学习是一件好事，这种班级以后只会越来越多，团队尊重异质性与互相包容，这是我观察到的学员行为。

年轻人如果想摆脱低薪，就算没有烫金的学历，也必须要有以上这些烫金行为！

20 专业知识，不等于专业能力

人生有三大遗憾：不会选择、不断选择、不坚持选择。学历，到底有没有用？

学历是基本，但不是绝对

听过我的课的学员就知道，我时常把专家权、典范权放在嘴上，这些是什么意思呢？

专家权＝学历＋（专业＋年资）＋口语（或文字）表达

典范权＝专家权＋（人格特质＋行为模式）＋口语（或文字）表达

不可否认，“学历”是累积专家权的基本门槛，但非唯一要件。

2007 年 9 月，在当时讲师生涯渐入佳境，并且在逢甲大学企业管理系毕业十六年后，我选择以不耽误工作的方式，进入中原大学企研所学分班就读。很多人问我，当讲师的社会地位高，收入也好，为什么还要花时间去念书？尤其我当时大陆课程刚萌芽，机会无穷，我若每周有一天晚上要去念书，恐怕大陆课程会有中断危机。

事实证明，有好的时间管理，所有的问题都不是问题，念书只要有心。

也有人问我，你自己讲课这么生动也受欢迎，为何还要去念书？我常心虚地回答："十六年间在职场所有学会的东西，其实都已经讲得差不多了。"那种每天输出的恐惧与空虚心理，着实与日俱增。

第一堂课选择了"组织理论与管理"，接下来选了"人力资源管理""消费者行为""服务业管理""企业经营策略与行销管理"。我不敢说我学到很多东西，但是重温学生生活，尤其是每周仅一个晚上三小时的学习，那是我一周中最幸福的时光。

个人认为，念研究所的考虑重点不是学校或老师，而是"同学"。为何名校大家趋之若鹜，私下来说，老师真的不会差异太大，"同学的水平"才是决胜关键。

学分班三年、六学科、十八学分的学习时光，老实说，想来混个学分证明的同学不在少数，例如时常缺课、报告偷懒、连简单英文都看不懂。不过只要进到教室里的人，大多是向学与认真的。

念书，就是一种生活方式

不过没考进 EMBA 硕专班，学分证明只不过是一张纸与片段的“所谓”专业知识。

我下定决心报考，在 2010 年 4 月，以榜首的成绩，顺利考进中原大学 EMBA 硕专班就读。不是我多厉害，而是连面试老师都已经认识我，我在学分班的求学精神与求知态度，加上我充沛的职场历练与荣获奖项，实力应该不容怀疑。

问题是我还是遇到比我更认真、比我更投入的同学或学长，我觉得这一点是中原企研所硕专班很值得骄傲的地方。2012 年 6 月，承蒙系上老师看得起我，选择让我担任系上毕业典礼领凭代表，风光结束我五年的研究所求学生涯。

讲真的，如果一个人喜欢念书，到哪里都可以念，问题是，你会遇到的同侪，才是你学不学得到东西的关键。

对我来说，上研究所最困难的事情，除了时间管理与工作学业间的调配以外，“论文”绝对是关键中的关键。

那阵子，我除了写论文外加准备出版第三本书，加上课程多到月月连战，用“水深火热”四字不足以形容我当时的人生。写书很自由，用销售量及票房决定成败，我选择自我挑战却乐此不疲。问题是，论文又不能卖钱，也不见得有人要看，为何还要写论文？如果你再问我一次，我向你保证“论文”才是念研究所必经的“天堂路”。

我现在回想起来，年纪大了，课堂所学也有很多还给老师了，但是写论文的刻骨铭心，让我永难忘怀。或许就是连标点符号、对齐、行距、字距、字体、文字大小、参考文献、资料来源的标注等这些惨无人道的训练，才让我体会到，千万不要小看那些做学问的人。每个人都是受尽凌迟与折磨，经过严谨的学术训练才有今天一番天地的，虽然他们不见得很会讲课，但光是求学精神，就值得我深深敬佩。

这大概是我念研究所最大的收获，而这种“惨绝人寰”的训练，对我在编写企业训练教案、出版书籍，或是写商周专栏博客文章，甚至担任广播节目主持人思考访谈架构，都有莫大帮助。

或许你问我，研究所五年时光得到了什么？我会说：“选择念书，就是选择一种生活方式吧！”而这种方式，并不是人人适合。

大部分的人决定老来念书，应该都是为了“马斯洛需求理论”的第五阶段“自我实现”吧。

所以，学历有没有用，端看你的人生选择，希望你可以“会选择”“不轻易选择”，也能“坚持选择”。

不过还是得说：研究，不是一条轻易的路，请谨慎为之。

21 年终奖金代表工作成效吗?

前面几篇文章我有提过，在职场上，“大不公平没有，小不公平常有”，年终奖金也是如此。如果我们看某个互联网巨头年终奖金多到让人称羡，我跟你打赌，你永远活得不快乐。

不公平又能怎么办呢?

小多是我在科技业认识的采购专员，我离职七年多一直跟她保持联络。今年八月份跟她闲聊时提到，她想利用今年发的年终奖金，跟男友去加拿大多伦多自助旅行，无奈今年公司的业绩表现不佳，各方面的数字表现都落在产业后段班。更惨的是，另一名资深机构类采购的各项年度绩效指标都优于她，让她今年拿到的考绩不甚理想，最后连年终奖金也少得可怜，她一面跟我哭诉，顺便一面抱怨。

她说那位男采购，不但会陪老板打球，还会在很多供应商的业务面前施压，让所有跟他配合的供应商业务敢怒不敢言。有时供应商业务会来小多这里抱怨，说他们家采购有多差有多差，小多不胜其扰，但也无可奈何。她认为男性的采购本来就比较吃香，可以应酬也可以对业务频频发飙，这些小多都做不来。

我跟小多聊天后，想法只有一个，那就是："又是一场抱怨职场不公平的吐苦水、泄愤对谈。"我毕竟是外人，不方便多谈什么，更何况那位男采购我也认识。我最后只问："那年终奖金领完后计划去哪里？"小多说："去香港。"那这年终奖金未免也差太多了吧？

我接下来问："你觉得年终奖不公平，会离职吗？"小多说："不会。"

她说："园区今年的年终奖普遍如此，更何况今年采购的缺真的很不好找。"那该怎么办呢？

年终奖金毕竟不是经常性给予，但一般的公司都会有保障底薪制度。换句话说，若是保证底薪十三个半月的公司，除了每个月的底薪之外，可能会在中秋节加发半个月的底薪，以及过年加发一个月的底薪。其实这些所谓的保障底薪，都会在公司经营的过程中预先调拨，否则在年终要公司一下子多拿出庞大的薪资，现金流很容易捉襟见肘。

职场上原本就没有百分之百的公平

那奖金的部分呢？那当然还是要看公司的经营现况。公司赚钱但若老板小气，恐怕员工也很难久留；但公司赚钱老板也想大方，奖金也要用到刀口上。一般企业都会在年底打考绩时，顺便连职位晋升、来年加薪幅度，以及该年年终奖金与红利，一并跟员工沟通。遇到公司规模较大的企业，也有可能把上述作业分成两段处理。总之，年底都是主管与员工最兵荒马乱的时候，一方面利用年底进行人力洗牌与盘整，另一方面也表达主管对员工一整年的感谢与慰勉之意，年底年初肯定是企业最忙碌的时候了。

有百分之百的公平吗？我想很难吧！

我最常举的例子是职业球队，年度总冠军也会释出不胜任选手，年度战绩不佳的球队也会有球员被加薪，一切回归到球员本身的贡献度，才是思考年终奖金（红利）的正确角度。当然在思考员工表现时，也不能忽略大环境与产业的变化程度，因为这个因素会严重影响奖金发放的水位，当然最后就要看老板的经营策略了。

回到小多的例子，那天在电话里聊，我个人给她的建议是：

“多去思考自己除了采购之外还能做什么工作。”

“不在园区上班，可能还会做什么？”

“男采购真正赢你的只是会陪老板打球吗？还是有别的原因？”

“男采购清楚知道他的年度绩效指标衡量标准，那小多自己呢？”

“你真的清楚老板要什么吗？”

我个人对奖金、升迁、加薪幅度、向上管理通常都抱持较正面的态度，毕竟没人敢肯定自己会在这家公司待上一辈子。任何所谓公平或不公平的对待，都只是“当下”的想法，当把时间轴拉长来看时，所有在职场遇到的事，最后都只是一个触动开关，一个迎向下次改变的信号而已，而我深信这些信号，最终都会被人生解读成正面的信号。

重点笔记

- 让自己成为一个“被同事喜欢，被老板利用，被客户尊敬”的职场工作者。
- “不公平”也是职场的一部分。
- 主管通常讨厌只会抱怨却没有解决方案的部属。
- 调薪不是用“嘴巴争取”的，是用“辛苦度”换来的。
- 绩效要出现在对的时间才有用。
- 有效的会议与简报是需要“被准备”的。
- 纪律与习惯，是新人在职场的决胜武器。
- 每个人都要学着“会选择”“不轻易选择”，也能“坚持选择”。
- 所有在职场遇到的事，最后都只是一个触动开关，一个迎向下次改变的信号而已。

Part Ⅳ

工作不到一年就想离职？工作哪有那么简单

2011年出书以后，我增加了许多演讲的机会，尤其是大学的邀约。而在facebook上增加的超过千名的年轻好友中，最常被问到的问题是：“我该不该离职。”

离职的原因各式都有，例如：“在这里学不到东西”“老板太啰嗦”“这产业没发展”“出现更好的工作机会”“因为生涯规划”“因为离家太远”……

面对这些问题，我通常会问：“以上这些原因，是不是有些你来这里以前就知道了呢？”接着问：“你在这里待多久了？”“那你下一步的计划呢？”通常，最常出现的答案是：“嗯，我做不到一年，以后就继续找工作。”

是的，职场不就是一连串重复的工作的组合吗？工作疲乏看似很正常，其实不正常，通常事出必有因。

所以，先试着把工作久了会产生疲乏的现象视为正常，然后再去想疲乏是因为真的疲乏，还是失去工作热情？是真的学不到东西，还是想逃避？还是自己能力不足？经过几轮的自问自答后，答案一定越想越明白。

请记得，换到下一个工作，一定会出现另外一个问题，而且问题都跟前面的问题很相近；然后又是周而复始地自问自答，越想越明白的过程。

相信吗？所有问题，都是因为你心里有问题，老板太多事、有像猪一样的队友、业绩难达成（哪家公司的目标好达成？）、公司文化太烂、产业没发展、无法升职……其实心态不改变，去哪里都一样，心态若改变，到哪里都一样。

如果你真的觉得宪哥太正面、太乐观、太会安慰你、不切实际且太会说道理，导致你真的要离职，其实没关系，离职也无所谓。转换跑道就像是一段感情的结束，也是另一段感情开始的契机。当你去新公司报到后，就会像新恋情开始一样有着许多的憧憬、新鲜感、新刺激与尝试，一旦蜜月期过后，另一半的缺点又开始展露无遗，过没多久就会产生下一个念头："我该不该离职？"

重点不在离职与否，重点是这几年你有没有变得更强？重点是你有没有人生目标？或者说小一点，你的职业生涯目标呢？是这里学不到东西，还是你不知道哪里可以学东西？是产业没前景，还是自己的能力没前景？职场上的竞争，往往不是单纯技能的竞争，而是靠观念心态决定最终胜负的。宪哥请你在离职前想清楚，或者，先看看以下这几篇文章再离职吧！

22 离职前想清楚，梦想能不能当饭吃？

马克是我的朋友，他决定离职去圆梦，展开他网购工作的天堂幻想与自由大梦。我知道他担任外商公司业务的成绩还不错，一直劝他再考虑考虑，而且还特别嘱咐他，若真的要离职，一定要跟同事好聚好散。最后，他真的离职了。

梦想真的不能当饭吃

未料，前几天他通知我，网购事业决定提前拆伙，第四季想回外商公司继续做业务。

据该公司人力资源部主管私下跟我说，五月份马克在业务部最缺人的时候提离职，老板慰留无用，不但业务草草交接不说，三番两次得罪了老板与同事，事后还让同事帮他收拾客户端的烂摊子，早就得罪一堆人。加上他在公司的人际关系本来就不是很好，早就有离职打包创业的念头，同事们也都看得出来，不料他看完我写的专栏后，加速酝酿念头，这成为他离职前的最后一根稻草。

他很早就想跟高中同学规划去搞网购，计划了许久但迟迟没有行动。对方本来不想再找他，还想另觅合伙人，没想到他真的在五月决定离职，追寻向往自由、高报酬以及自己当老板的创业大梦。

专业打工仔跟自己当老板，工作模式与生活形态真的是两回事。

我不想说创业过程是“现在叫我起床的不是闹钟，而是梦想”这类话，但是说真的，创业首重“自律”。我看过很多有天分、离职出来创业的人，不是每天越睡越晚，就是初期乱花钱，再不然就是拼命消费老同事或是老朋友，很多人撑不了多久，便打退堂鼓。

决心创业并决定出发后，过程不只是坚持梦想这么简单，大多是挑战。

很快，跟合伙人的意志不合而拆伙，再加上马克真的不是创业的料，虽然初期我对他仍有满满的祝福，但他的结局我并不太意外。现在麻烦的问题是，他竟然想回老东家继续做业务。

离职前他是全公司业绩达成率第二名的业务，但他竟然笨到写信给副总说他想要回去。他跳过了直属老板，这点让直属老板十分不悦，据主管说，直属老板也决心抗争到底，死命抵抗他的回任，公司内部葫芦风暴一触即发。

副总对马克的直属老板施压，说马克回任刚好可以补足业绩缺口，而直属老板不以为然，他说宁可战到最后一兵一卒，也不用临阵脱逃的叛将。他不仅跟马克杠上，现在也杠上副总，那种“有你就没有我”的戏码，随时准备上演。

能回锅，到底靠什么？

我在外商服务的岁月里，有位优秀的同事三进两出，在公司服务若干年后，因为计划到伦敦念硕士，毅然决然离职深造，两年后也顺利回到老东家继续服务。几年后，外头一个相关产业的主管机会，让他二度离开老东家。几年后，第三次回来外商担任业务主管的工作，迄今已八年。

职场工作者既然已经离职，最后还能回到原公司打拼，到底靠的是什么？

我觉得最重要的是“人际关系”。其实无论何种原因离职，大家好聚好散。离职原因虽无须刻意说谎，但也不用全部讲真话，千万不要得罪人，尤其是不要在人力资源部门主管的离职面谈中，高谈阔论，讲老板的坏话。或许，离职面谈中的离职理由，也可以运用“七分真实＋三分改编”的原则。

一直使自己仍有“被利用”的空间，我想是第二个重点。业务工作取代性大，离职率也相对较高，让自己随时具有专业知识与专业能力，肯定是回锅的重要条件。若是相对稳定的幕僚单位，空缺一旦补上，你想要回来是很难的。维持一到两条有效的“线民”消息，对于老东家的状况掌握，是非常有帮助的。

最后，离职若是要到同行业，事前请考虑清楚。很多产业不像职业球队般，只要有能力就可以自由转队。职场首重“忠诚度”，一个没有忠诚度的人，人际关系再好，能力再强，人际关系资源、线民再优，忠诚度若不佳，想要回锅，门都没有。

马克虽然不是去同行业，但因内部人际关系不佳，加上做决定草率，要回锅，我觉得难上加难。

你若是问我对“回锅”的看法，我个人的回答是：“离职前就要仔细盘算好，有种离职，就不吃回头草。”你觉得呢？

23 你已经有足够的能力跳槽了吗？

台风来袭前的星期六早晨，我来到台北一栋我熟到不能再熟的办公大楼，准备开始一天的课程。八点半进到教室后，发现教室内八九成都是女生，女生聊天都很含蓄，大部分同学的眼中还泛着睡意。

银行业的业务佣兵

在课程中，我瞄到了一位感觉好像认识，又不敢乱打招呼的亮眼女学员。

中午一到，她果真拎着盒饭，要跟我一起吃饭。有美女学员一起共餐，我当然说：“好啊。”

吃完饭后，我更确定我的直觉是对的，她上过我三次长短时数不同的课程，三次都在不同银行，三次的课程名称也都不尽相同，她常转换银行，我戏称她是银行业的“业务佣兵”。

原来，她在大学财经系毕业后，到美国念了个高档的MBA（这里高档，指的是名校也是高价），回来后参加A外商银行的MA program（储备干部计划），很多具知名度的金融银行都有此计划。由于该银行的训练计划完善，加上又有绑合约附带离职惩罚条款，她一待就是近四年。我问她离职原因为何，她说：“我想证明，三十岁前的我还有更多能耐，也想出去多看看。”我心里面想，我好像常听到年轻人讲这个理由。

这段时间，据称她都在金控内各单位历练，主管对她的评价也都不错。而接下来，就是一连串在金融业的漂泊生活了。

随后，她在B本土银行担任白金理专，也待了两年多，C本土银行担任理专的业务主管两年多，D外商的业务主管三年多，最后于年初“回锅”C本土银行，担任分行经理一职至今。

我听完之后，最想问的几个关键性问题就是：“这几个银行的离职原因是？”“那又为何会回锅C本土银行呢？”“本土银行与外商银行的差别呢？”

据她表示，会从B到C，是因为业务主管的职缺的确很诱人；C到D是因为薪资与奖金水准较高；D会再次回到C，是因为分行经理的职缺与管理工作的高挑战，加上 C 银行的高级主管是她以前在 B 银行的大老板，加上他愿意大力引荐，她才回锅 C 银行怀抱。

跳槽和好的人际关系资源之外，还要有核心能力

她说完之后，我也体会了一些事。

1. 她不批评前银行老板的不是，也没提到环境适应不良的问题。这一点我很意外，毕竟以前我跟金融业朋友聊天时，讲到离职原因，多多少少都会讲到老板的多事与不是。
2. 这个行业的确是靠离职与跳槽，职位与薪水才会节节攀升的。
3. 她拥有核心能力，才会走到哪里都吃香。
4. 好的人际关系资源与适时出现的贵人的提拔，有助于职场跑道转换。

可是内行人应该都知道，转职没有你想象中容易，就算是

金融产业内转换不同公司，也绝非那么简单。据我所知，外商与本土的金融机构，在人员绩效要求、公司文化与组织设计、管理模式与人员相处上，都有很大的不同。这类的业务佣兵，还真不少。

举凡汽车业、保险业、房地产中介业、金融业……我都有认识一群在相同产业内工作达二十余年，但也在同产业内转换超过五六家公司的所谓“业务佣兵”。这类的名词通常出现在职业球队中，球员在球队中不断游移，今年打A队，明年可能打B队；今年在美国，明年可能到加拿大打球。然而这类的佣兵，尤其是业务佣兵，到底需要具备何种条件，才能屹立不倒？而他们的困境又是什么呢？

不用怀疑，首要条件一定是“专业程度”。以我认识的这位学员为例，熟稔的金融专业知识，造就了她去哪里都会有人要的重要条件。

其次是超强的“文化与环境适应力”。各位千万别小看换公司，那种时时必须重新来过的心理调适，以及天天处在“非舒适圈”的超猛战斗力，不是一般人能体会的。

业务佣兵若要生存下去，对于该产业的“客户掌握能力”，一定要比待在同一家公司超过五年的业务更强，手腕更灵活。

当然，业务佣兵也不是完全没有缺点。被每家公司认为忠诚度低、同事关系浅薄、每次离职再起时，都要跟老客户讲一样的话；或许第一次换公司，客户会跟你跑单，那第二次、第三次呢？那就不一定了吧？毕竟客户也知道，业务是一时的，该公司或许才是比较长久的。身为业务佣兵，要塑造不可替代的产业内地位，这肯定是一辈子的功课。

朋友们，每次离职都还能生存下去，不是你想的那么容易，那种漂泊无根的业务人生，肯定是非常辛苦的。但待在同一家公司都不离职，也不是你想的那么安全，不是吗？

24 如果公司有“旋转门条款”，怎么跳槽？

小杰是我在企业内训时认识的学员，今年初，他刚刚离开工作达三年之久的电子测量仪器业界。一次在新竹录音的机会，他约我在电台附近吃晚餐，那次他聊到了人生规划与梦想。

转行的真正原因，到底是什么？

令我觉得好奇的是，一位电子、电机背景的工程师，拥有好的外貌与谈吐，但在互动过程中，居然有意转做业务工作。这看似有备而来的规划，让我心中笃定他是经过深思熟虑的。果不其然，在饭局后他请我帮忙介绍和训练相关的业务工作给他。

我不随便帮人介绍工作，一则因为人情债总是要还，二则我对求职者与人力需求双方，若仅是一厢情愿地撮合与介绍，往往人家是卖我的面子，双方尴尬之情，我不甚喜欢。但听完小杰的请求，我的脑海中突然浮出一个画面：一个多月前，有位管顾朋友跟我提过，某家国际知名企管公司的训练规划师缺额。于是双方一拍即合。

小杰于4月初正式上班，亦于半年后的9月底正式离职。我知道这消息后，真想找个地洞钻进去，而小杰都没有跟我说。10月初，通过友人辗转得知，他重回电子测量仪器业界，去的公司是老东家的竞争者。

我拨了通电话给小杰，关心他一下，顺便问问前因后果。现在反而是他尴尬不已，他一度结结巴巴不敢正面回答我问题，后来经过我的暖场与缓和之后，他终于说出原因。

原来是因为他和旧东家间有“旋转门”条款（离职后，在限定时间内不能至同行工作）的约定。我第一时间开玩笑跟他说：“你又不是财政要员退下来到金融业界当董事长，你在怕什么？”

他连忙说：“怕老东家误会。”

我说：“你怕老东家误会，就不怕宪哥帮你介绍工作，结果半年就离职，会被我说一顿吗？”

他紧张地直说：“宪哥，真的不好意思！”

这已经不是我第一次帮人介绍工作的惨痛经验了，而且我也坚定相信，从事与前工作产业大相径庭的工作，“过水”与“过客”的概率非常高。

他离开企管公司的时候编了一个理由，说要与认识多年的女友结婚，想要搬回新竹。虽然这理由勉强还可以，但这份只待了半年的公司，到底对他的职业生涯是何种意义？加上半年后去了前东家的竞争者，难道老东家不会觉得很感冒吗？

离职原因有百种，扯谎是最下策

我待在职场这个大染缸里二十多年，看过成百上千个离职同仁，虽不敢说每个人都了解离职原因，不过倒也归纳出一些离职的“表面原因”。在此我特别强调是表面原因，是因为这些原因绝对不是真正原因。

1. **生涯规划：**我看到这个原因就知道这是最扯的答案，谁离职不是生涯规划？而真正有妥善规划的有几人？规划了什么？这只是表面原因吧？

2. **个人因素：**这理由只比上面那个好一点，难道离职同仁会写是因为“主管因素”吗？会真的写“薪水因素”吗？
3. **离家远：**离家远是今天才远，还是一直都很远？做真正有兴趣想做的事，离家远会是主要原因吗？
4. **结婚或生完孩子：**这个理由好像正常一点，但真的很正常吗？主管与同事比较在意的是，收完红包才离职，还是先离职再去结婚或生产吧？
5. **回家帮忙：**这应该是最佳理由吧？顿时我们公司同仁的家长，突然间都变成中小企业老板，家里突然有好多事要帮忙……
6. **趁年轻去接受挑战：**我不能说这理由不好，毕竟“达成梦想”总是每个人在三十五岁前的愿景。但是，你确定这是你想的吗？

那么，为何离职不能讲真理由？为何下一个工作想去同业却不能说？为什么一定要浪费半年的青春岁月去骗自己？老东家难道不会知道吗？你确定产业消息真的不会走漏吗？

朋友们，别骗自己了，我个人倒是建议坦荡荡面对离职这问题，“诚实离职”才是最佳策略。世界很大，产业圈子很小，很多事你现在不说，以后大家还是会知道的。老东家主管、同事或许会有些不满，但适度包装一下离职原因，真正的原因，我认为还是要坦然面对。

最后，我想问一下大家，离职以后一定要休息一下吗？休息过了真的会找到出路吗？我认为不然，其实在职的时候，就应该有“工作模式”与“休闲模式”，而不是将人生分为“在职模式”与“离职模式”吧？长期没工作可做，可会让人意志消沉！

25 在职场工作有同理心，是最深层的心法

在我开始上课的前几年，因为没有知名度，学员对我多半陌生，我要花很多时间暖场；近几年，因为持续耕耘，一早进到许多企业的训练教室时，都会遇到粉丝与老面孔，课程操作越来越顺手，这也正是我所提的“成功需要简单的事重复去做”。

心态不改变，换到哪都一样

这天，进到松江路某家企业的训练教室，映入眼帘的是崭新的桌椅与嘈杂的学员。上课久了，通常进到教室的前面几分钟，我会仔细端详等待上课学员的表情。这一班很吵，但对企业内训的讲师来说，喧哗的声音肯定比冷漠的无声好很多。

第一段休息的时候，某位学员靠过来，作势与我聊天，于是我忍住尿意与他攀谈。看他表情不太对，我已有他要批评指教课程的心理准备。

他说："宪哥，你的课真的上得很好，不过你刚才引用'某大'企业员工工作价值观的案例，我个人非常不以为然。"

这种事我无意辩解，只想继续聆听。

于是他接续说道："我之前加盟他们家，仅仅五年就亏了我全部的资金！他们是吸血的企业，不要再引用他们家的案例了，他们不把人当人看，×××！"

身经百战的我，听到大型企业员工脱口说出中国人骂人"三字经"，我真的吓了一跳。

于是接下来的每次中场休息，他都过来找我聊天。

从批评前公司吸血，到批评现任公司总经理是外行领导内行（其实，总经理也是本班学员之一），然后继续批评我的老东家。例如某位女性优秀经纪人私下做投资客，却满口仁义道德……老实说，我听了他的话以后，头真的很痛，也越来越想上厕所。

我毕竟是外人，我不晓得他为何跟我说这么多。

其实我也可以完全不理他，但因为我的角色须顾及所有学员，我很有耐心地听完全部内容，没想到下午的中场休息他却变本加厉。

下午的戏码是批评现在公司的奖金制度。他说他是新北市业绩冠军，薪水只领到两万多块而已。我不想多问这是真还是假，只回了他一句："那你为什么不离职？"

他说："我被前公司与前前公司耽误了太多时间，现在已经四十岁，不容易换工作了。宪哥，你们家要不要用我们公司的产品，我可以算你便宜一点。"

这时，我真的傻眼了。

后来，我给了他几句衷心的建议："心态不改变，去哪里做业务都一样；心态若可以改变，到哪里做业务都一样。"

我继续说："老鸟业务通常很专业，但都缺乏热情；菜鸟业务通常都很热情，但都缺乏专业。专业让你称职，热情让你杰出，这道理你应该懂。你是这家公司的业务菜鸟，却是你自己业务人生的老鸟，若没有工作专业与热情，你去到哪里都会遇到类似的瓶颈。"

讲完后，我就后悔了，我跟他讲真话干吗？敷衍他不就好了吗？

做人比做事更重要

下课前十五分钟的肥皂箱分享心得时间，每人都要说一两句话，麦克风轮到他时，他说："我无话可说。"顿时，全场傻眼，我接着说："下一位。"

他在学员回馈问卷上会写什么，我已心里有谱。

下课后，人力资源部主管走过来关心我，并安慰我，说："他遇到每位老师都'倒垃圾'，其他老师跟他东拉西扯，你干吗认真理他？

但我真心想建议那位朋友：没有良好的工作态度，空有专业有何用？资历久有何用？没有满意的员工，怎会有满意的客户？

反观帮我接了六年课程的管顾公司经纪人 JJ，从大学毕业后，第一份工作就从事管顾的训练工作，同届共四人，我打赌最活泼开朗的她，一定会最早离职，没想到她是最后一个，而且待了六年。

一位大学毕业生，能在各大企业与知名讲师间周旋六年，能够卖这么多事、品质要求甚严的我的课程六年，她肯定不是省油的灯。

大学社团与办活动的丰沛经验，造就了她的成功；待人接物与严谨处事的工作态度，让客户与讲师们都对她赞不绝口；她更是同事眼中的好姐妹，主管眼中的好帮手，我心目中的最佳超级王牌经纪人。

就算离职后，公司请她回去帮忙，她也二话不说，提供一个半月的免费“交接保固期”，做了救护车及消防队般的临时紧急支援。

大学企业管理系或许都没教这些能力吧？她为何能做得这么好？

前几天，我也跟我儿子提到这个话题，那就是，“做人比做事更重要”。

她把客户的事当作她的事，她把客户的里程碑当作自己的里程碑，她把客户的喜悦当作自己的喜悦，我跟她荣辱与共，一起分享欢乐与忧愁。

我是一位讲师，也是她的客户，更是最重要的客户。我并没有感觉她把我当摇钱树（其实很多经纪人都把王牌讲师当摇钱树），“同理心”是她最棒的地方，也是服务业最深层的心法。

人际关系与沟通能力，是我认为社会新人可以试着在学校修炼的能力，这会比任何一门学科都来得重要。这一天在松江路的两侧工作案例，让我想了很多，一个是四十岁的灰色人生，一个是三十岁不到，年轻却成熟的处世态度。要选择过怎样的职场生活，你可以自己选择。

26　与其抱怨公司，不如想想如何改变

周六的课程，学员虽没有杂事干扰，可以较为专心上课，但休假日被叫来上课，学员脸上难免有些许的不爽表情。下课后回到家，陆续收到两位学员给我的信，他们谈的竟然是同一件事……

我该离职后过水再回来吗？

两位学员都表示，公司高层在过去一两年间进行大规模的改组，管理阶层更迭快速，许多同仁因为升迁无望，加上同业大举挖角，公司的管理干部流失惨重。就算接手后的高层不断温情喊话，希望降低主管离职率，无奈这一两年内，走了近十五位基层主管培训班的学员。

大环境不如预期，先前离职的主管，以为过去他行之后，

就能卡上分行经理的位置，怎知事与愿违，在同业发展遭遇对方员工排他性的抵制，在升迁之路上纷纷中箭落马。

过完年后，其中九位培训班成员陆续回锅原公司，竟有四位回锅后不约而同反而都卡上分行经理的位置。原来好好待在银行，默默辛苦耕耘，忠诚度一级棒的基层培训班主管，升迁之路再次幻灭。心中的不爽都写在脸上，大家一起混班上课，教室里的诡异气氛，连我都可以嗅出端倪。

两位学员 Joe 和 Catherine 都是公司十多年的元老，写信给我时都谈到："我该离职过水后再回来吗？""公司这样搞，真的很不公平。"

回锅容易吗？能够继续生存吗？我的答案是：很难。

首先是"机缘"，离职的时间点，回锅时原公司的市场与人力资源状态，职位会不会有缺？怎样的缺？若非保有原公司的人际关系网络，很多消息不仅得来不易，就算有人知道，也不见得会报给你知道。我看过的几乎都是内部上司力挺，扶植自己人马与班底再起的案例。

其次是"产业"。不是所有产业都有大量回锅案例，我这十年走遍两岸各大产业深入授课后发现，流通门市服务业、金融银行服务业的比例的确较高。要是“成长扩张型”的公司，产业或公司若处在衰退阶段，我跟你保证，你出去后就永远不会再回来了。

还有上述案例中四位回锅升任分行经理的学员，那四个分行是新分行、旧分行？如果是旧分行，原来的分行经理去哪里呢？是不是又一出人才在产业间流动的老掉牙戏码？

职业生涯是长期选择后的结果

再来是“能力”，培养可移转、可转换的能力，肯定是有利回锅的要件。上述的案例我也深入研究了，那些回锅的主管能够立刻卡上位置，都是因为以前担任非主管阶段时战功彪炳，客户经营有一套，加上证照考得够多，而且愿意配合公司调任偏远地区的单位主管，才会得一良机。

我想说，能力是骗不了人的，是经得起考验的，很多高级主管曾跟我谈过部分配合度不佳的员工，他们要是离职后再回锅，再便宜、再缺人他们也不会用。

最后要面对“攘外必先安内”的不利环境，就算担任了分行经理，同仁怎么看待你，大家在背后对你如何指指点点，若是对公司忠诚度不如其他主管，如何带动部门同仁达成目标？没有一段时间，恐怕很难证明自己实力，问题是，上面的老板会给你足够的时间吗？

两位我都回信了，我跟 Joe 特别表明，我不是他，我不会给他答案，我只能就我对该公司的粗浅观察与个人观点，给他一些简单的看法。Joe 跟上述四位回锅担任分行经理的学员个性本身不同，他本身较为保守，担任内勤的时间比业务工作还久，贸然行动必然吃亏。

其次，“职业生涯是长期选择后的结果”，没有所谓对与错，端看你对职业生涯的短中长期的目标。还有，离职隐藏着很高的“机会成本”，不可不慎。

还有，人家家庭与经济没有后顾之忧，你还要养家活口，你确定要离职以后再回锅？最后，以你在班上与今年业绩的诸多表现，你不觉得今年就会有机会晋升了吗？

挂完电话后两周，我收到了 Joe 送给我的近视蛙镜，里面附上一张卡片，上面写着：“职场明灯，快乐游泳，水中蛟龙，谢谢宪哥。”

27 确定要离职，要说出真正的原因吗？

连续两天在台北的课程，客户除了会请司机接送外，也会帮我安排住宿饭店，只要我当晚住台北，十之八九有人约我吃晚饭。约我吃晚餐的朋友，大多问我几类问题，不是问我该不该离职，就是希望我在讲师事业上给予对方指点。只要对方诚恳可靠，加上时间可以配合，我通常尽量且乐意帮忙。

“想休息”是好的离职原因吗？

M是某金控集团的中高阶主管，掌管台北大半江山，年纪小我几岁，半年前第一次跟我碰面，就对讲师事业野心勃勃。遇到这种人，我通常都会吓吓对方，挫挫他的锐气，但他不但对讲师工作不胆怯，还有完整的执行计划。

“你现在还在金控上班吗？几时会离职？”

“是阿，大概半年后。”

“你打算怎么跟老板说离职原因？”

“还没想太多，总之，应该不会说实话。”

前天他再来找我，他真的离职了，要我给他一些讲师职业生涯意见，于是我再问一次：“你的‘官方版’离职原因是什么？”

“工作多年，累了，想休息一阵子了。”

我心想：这真是“超级官方版”离职原因啊。

1991年，我从逢甲大学企业管理系毕业前夕，通过武陵高中资深学长的引荐，如愿进入梦幻企业“台达电子”工作，担任桃园厂人力资源部“人力资源专员”的工作。

我工作很拼，时常都是用一百二十分的力气在做。这样的好处是，可以很快得到晋升与加薪的机会；缺点是，很容易遭遇瓶颈与自以为学完了。一年多来，我深知我不是做人力资源的料，我不够细心，个性上也太喜欢冲刺，与较为保守的幕僚型工作属性大异其趣。经与学长兼老板恳谈后，1992年6月，“内部转调”到采购部，负责购买泰国厂的相关材料。

大公司就是有这样的好处，内部平行转调机会多，只要内部人缘与关系够好，加上有工作转换的企图心及决心，通常老板都会乐观其成。

采购的工作虽然上手时间与进入门槛较高，但是可以与工厂的生管、制造、业务、工程与生技等单位紧密结合，我非常喜欢这工作。我很认真打拼，过完年后，也得到了晋升一级与加薪的机会。问题来了，有家在中坜工业区的上市公司辗转通过上司介绍，希望找我去“聊聊”行政部人事主任这个工作的机会，同时开出的条件如下：

1. 试用期薪资，比起台达采购当时的薪水，增加 4200 元/月，三个月试用期满后，提高到 7200 元/月。
2. 提供相当于主管级的汽车停车位（当时我才二十四岁，工作刚满两年）。
3. 提供配发公司股票机会（1993 年，这是很大的诱因）。

这些诱因的确很吸引人，我思考没多久，思考得也不够深入，更不够全面，就决定离开待了两年多的台达电子。

真话、假话，要怎么衡量？

采购课长问我：“大好前程为何要离职？公司把你视为重点栽培对象呢！”

我说：“人家 offer 的条件……”我竟全盘托出对方给的条件。

课长再问我：“是不是公司给你的加薪幅度不够多，你不满意？还是你有其他不满意或是顾虑之处？”

我说：“课长，这种条件换作是你，你应该也会过去吧？”

经过一段催眠式与疲劳轰炸的离职访谈后，我终于“如愿以偿”地离职了。

我怎么会笨到这样讲，现在想来真不可思议。我想问大家，我当时若真要离开台达，我应该怎么跟老板讲？讲真话？讲假话？讲出含糊不清的理由？各会有何优缺点？

讲真话，好处是避免死缠烂打的纠缠，老东家一听薪资加这么多，福利这么好，若自觉无法跟上，很容易就在离职单上签名。缺点是，产业间圈子很小，很容易留下不好的名声，什么现实啦、短视啦……这种形容词都会出笼。

讲假话，好处是大家好聚好散，给对方留下一条后路。我听过最多的离职原因就是：父母生病要回家照顾、家里要我回家帮忙、想休息一阵子、想留学……含糊其辞总比一刀两断好吧。只不过缺点是，老板没日没夜的纠缠，一而再、再而三的离职面谈，搞得离职前一个月，大家兵疲马困，很难聚焦工作，无法壮士断腕地处理离职人员，更会让原部门的气氛诡异。再加上离职原因说假话，有时会让部门主管与同仁产生更多无谓的猜测，是否被挖角？跳同业？跟老东家打对台？

再怎么讲，做离职面谈的主管也不是省油的灯，一定会稍微演戏，很期待你真的留下来继续帮忙。至于是真的假的，我们还是不得而知，只能揣测。面对资历超过两年的员工要离职，主管通常会说："你的离职，是部门的重大损失。"你要相信也好，不相信也罢，你自己决定。我以前会相信，现在会"十分保留"。因为正常且具规模的公司，绝对不会因为某人不在，而真的无法营运。在那个两坪（一坪约 3.3 平方米）不到的会议室中，你老板讲的话，只有你自己最知道是真是假。

在员工的离职面谈中也要学会演戏，千万不要将真正的离职理由全盘托出，"真正的理由放心里，加以包装的理由讲出来"，"很诚恳地、很真心地、很务实地、很舍不得地"把离职理由讲出来，让主管有面子，让公司好做人，大家都有台阶下，这就是最好的离职方式了。

28 如果不经历“重复”的磨炼，换到哪儿都一样

家中四口，只有我不玩游戏，总是被家人嫌弃不团结。每每看到老婆、儿子在热血电子游戏中拼战，心中难免落寞与不悦。

从“跑跑姜饼人”游戏中学会的事

某日老婆说：“你也来玩玩‘姜饼人’吧？你会出现很多上课的灵感啦。”心想怎么可能？玩过几轮之后，再看看身为资深玩家的儿子轻松惬意的模样，真觉得自己逊毙了。

“姜饼人”游戏前面的阶段，都是无聊的内容，每次结束后重新再来，玩着一样的戏码、过一样的关卡、重复不停做同样的事。但老婆的一句话点醒了我：“没有经过前面的无聊，无法

享受后面的轻松惬意。前面你先练习玩个四五百次，体会游戏的精髓之后，后面才有机会换个新角色（像僵尸），之后你才会得到更多的分数。”

转换职场也一样。如果最近你有离职的念头，有问过自己具体的理由吗？是为了逃避、为了跳脱舒适圈，还是因为你找不到工作的热情了？就像我玩“跑跑姜饼人”，根本不想经历一开始的无聊，就直接想放弃游戏一样。

根据这几年我观察所有有意转职的学员和朋友的结果显示，其实大多数的例子并不是现在的工作太舒适，真的想去挑战跳脱舒适圈的快感；更不是觉得现在的工作学不到东西，想去外头学习新事物。多半是“找不到自己有兴趣、有热情的工作”，或是“不知道自己的热情与兴趣在哪里”。

职业的本质本就是重复去做同样、至少是类似的事，看似光鲜亮丽的我其实也是这样。知名主播是这样、偶像剧演员是这样、天团五月天是这样、职棒球员也是这样，我相信对于天天在做的事，如果缺乏工作热情，工作换到哪里其实都一样。

心态要改变，换工作才有意义

电影《那些年，我们一起追的女孩》中有一句经典对白："人生最后实现梦想的，都不是那些最有才华的，都是那些坚持到底的人。"这句话最吊诡之处有二："梦想"是什么？大多数人可能连自己都不知道，"坚持到底"到底值不值得？

然而离职时，"大多数的人其实是选择逃避，而不是选择跳脱舒适圈"，任何一个工作在你成为专家之前的无聊与重复，在我看来，其实都跟"跑跑姜饼人"差不多。跑跑跑，不断地跑，只为换得一个新角色之后，创造更多得分机会与拥有美丽愿景而已。

我想说的只是："心态如果改变，去哪里都一样；心态如果不改变，到哪里都一样。"

想要离职之前，你也可以试着问问自己：

1. 其他部门有机会转调或历练发挥吗？
2. 公司的企业文化是自己想要的吗？还是只是要逃离自己不喜欢的主管或同事？

3. 你确定自己在现职已无发挥空间吗？还是为自己的执行力与创意不足的困窘找借口而已？
4. 选择离职的机会成本，会不会大到让自己未来后悔？
5. 先离职再找工作，还是已有更好的机会？你确定下一个会更好吗？
6. 到新工作后，你会从老鸟顿时变成菜鸟，你确定要这样吗？
7. 离职跟男女分手的决策模式不太一样，你有想过两者的不同吗？是冲动的决定吗？
8. 你确定离职是为了跳脱舒适圈，选择更大的挑战？还是这里很有挑战，只是你自己卡关就选择放弃？
9. 找到自己的热情与兴趣，可能会比找到一个好工作，从长期来说更重要，你有想过吗？
10. 你能忍受“跑跑姜饼人”游戏一开始的无聊吗？

面对各位读者，我尝试不给你们答案，仅帮助各位思考，这是玩电子游戏给我的启发。

重点笔记

- 职场上的竞争，往往不是单纯技能的竞争，而是靠观念心态决定最终胜负。
- “诚实离职”才是最佳策略。
- 没有良好的工作态度，空有专业也无用。
- “同理心”是服务业最深层的心法。
- 心态如果改变，去哪里都一样；心态如果不改变，到哪里都一样。
- 人际关系与沟通能力，是社会新人可以试着在学校修炼的能力，这比任何一门学科都重要。
- 离职时，大多数人其实是选择逃避，而非选择跳脱舒适圈。

Part V

从厌倦到期待，宪哥想告诉你的几件小事

2010年到2012年我的讲师事业到达巅峰，我经常想起那段自己白天上课、晚上念研究所，左手拼论文、右手写书，积极工作、尽情游泳的生活。当时虽苦，如今甜美，人生有许多四十岁以后才猛然察觉的事，我一样也没少。

初入职场者，都希望自己假以时日能够得到“自由”，然后慢慢开始寻找“自信”，最后要求自己能够“自律”。我想说的是，先要求自己能“自律”，就会开始发现“自信”，进而找到人生终极的“自由”。

持之以恒的好习惯，比起老爸给你的家财万贯更有价值；三十五岁以前的我始终不相信，如今四十六岁的我，信奉此信条十多年了。职场的竞赛是长期的拼搏，没有人是永远的赢家，更没有输家。养成好习惯的自律看似简单，其实不然，就像我常说的：“有种熬夜唱歌喝酒，就要明早准时上班。”不容易吧？

敬业精神、工作态度、全力以赴坚持到底的热情、与人为善、不在他人背后说三道四、不要以讹传讹……这些都是我奉行的好习惯。

持续加强专业，精进本质学习能力，让自己变得更强，是绝对不会过时，更是稳赚不赔的投资。对空余时间的运用，尤其是下班时间与假日，你做了什么事，就决定你未来是什么。

初入职场工作者，千万不要放弃持续运动。保持体力的巅峰，是决定职场工作长远走跳的重要本钱。

试着找寻贵人，培养正确的人际关系观念。不用刻意参加许多社团，想一想自己在哪里会感觉舒服、没有压力，就去哪里认识新朋友吧。毕竟“朋友成千，不如贵人扶牵”“狐群狗党，不如导师帮忙”，宪哥的人生非常幸运，得到许多贵人相助，我也期许自己能够成为他人的人生贵人，毕竟能够帮助他人，才是人生最重要的小事啊。

虽然计划赶不上变化，千变万化不如老板一句话，但是自己的人生价值观一定要够清楚。当面临十字路口的时候，信念与价值、信仰与态度才是让你渡过难关、因应变局的关键策略。想想自己到底要什么？要成为怎么样的人？个人的职场品牌定位为何？

最后提醒大家：行动，是心想事成的钥匙；口语表达，是职场影响力的关键元素；教出好帮手，是建立职场战斗团队的不二法门；善待自己、家人与朋友，做好人生最重要的小事。成就人生大事，都从职场做起。职场这条路，宪哥陪着你。期盼你从后面几篇，也能找到面对职场抉择的巧实力。

29 等考绩，不如准备考绩

小芯是我在银行的学生，她上个月写了封信给我。信中提到她觉得经理始终不了解身为柜台第一线职员的辛苦，每天只会逼她们转去做理财专员。小芯不想去，结果年终考绩被打“丙”；没有年终奖还不打紧，明年可能连饭碗都不保。

她问我：应该转去做理财专员吗？或是离职？或是继续撑下去？还是跟经理谈谈？

考绩的量化靠“工作日志”

企业内绩效评核的方式虽有很多种，但是绝对脱离不了“质化”与“量化”两类。我常问学生喜欢哪一种考绩评核的方式？比较多人说：量化。

是的，量化指标最大的好处就是“数字会说话”。今年绩效好不好，看数字就知道，比较不会有老板个人因素，或是内部因素的考量。话虽没错，但是每当我去银行上课时，银行要第一线优秀员工转做业务性质工作的时候，大家却都退避三舍。原因很简单，那也是因为业务单位的所有数字都会说话。

房贷拨款量、基金销售额、老客户回笼率、成交金额、离职率、新客户开发数、新保单销售额……你要是给我时间，我可以说出五十种以上职场的数字化指标。问题是，这些都是一翻两瞪眼的数字，我要是数字难看，今年的考绩不就挂了，年终奖金不也跟着挂了？加薪无望！

所以，不管是量化的数字指标，或是质化的指标，一般的职场工作者，都会被动等待老板通知你来做绩效面谈。然后不管你喜不喜欢老板的考绩，大部分的人都是被动等待考绩。最后，喜欢今年考绩的，年后就继续待在原公司；不喜欢考绩的，年后就准备离职换跑道。年复一年，真正的问题到底是什么？

举运动员的例子来说，他们大部分也都是量化指标。打击率、上垒率、三分球命中率、全垒打支数、盗垒成功率、总得分、失误数……球季结束的时候，老板会针对每一位运动员的贡献，进行调薪或是减薪的面谈。对运动员来说最残酷的是，他的薪水与表现都摊在阳光下，社会大众或球迷几乎都知道，那是一种极大的荣誉与极大的耻辱。

但是，你不是运动员，没有媒体天天在看你的优异表现，也不可能有公司会给你加薪百分之百，那该怎么办？

我在职场二十三年余，尤其在最后八年半担任企业讲师的期间，充分理解各个产业对于工作日志的重要性。老板根本不可能天天观察你的表现，所以擅长并持续记录下你的各种工作指标，就成为一种决胜习惯。

举例来说，一年来，有没有协助部门带新人？给新人上了几小时的课？对于公司活动的参与次数，所带来的附加价值有哪些？对客户做了几场简报？成效如何？是否有自我学习发展计划？看了几本书？听了几场演讲？上了几次公司内训、几次外训？学到了什么？对于自己的绩效指标表现与连接度如何？如何将上述指标反映到自身工作？对公司产生何种贡献？其实要是真的认真想，一定有很多值得记录的东西。

很多人认为做好年度纪录与工作日志是一件很累的事，毕竟这些东西根本不是为了老板，或是更短浅地讲，只为了那一两年的加薪调幅。广义来说，这是为自己记录下转换跑道，或说白一点，是跳槽的筹码。

检视你与老板心中的自己

再回到文章一开始的小芯的例子，我知道她最厉害的就是“在柜台第一线亲切的服务”。

我问她："你自己认为今年做得最棒的一件事是什么？"

她随即回答："我成功帮助两位老人家，避开诈骗集团的假冒歹徒勒赎汇款，金额有一笔是六十万，另一笔是一百万。"

"经理知道这件事吗？"

"不知道。"

"经理应该知道吗？"

"应该。"

"绩效面谈时你为何不说？"

小芯竟说："老板没问我，我也不知道这可以拿出来讲。"

朋友们，绩效面谈是需要准备的，老板需要准备，员工也需要准备。身为一个负责任的职场工作者，这是检视自己一年来的最佳时刻，建议检视以下四种层面。

1. **自己认识的自己，老板也认识的你：**越明显越好，越与绩效连接越好。
2. **自己认识的自己，老板却不知道的你：**要靠日常工作日志记录。
3. **老板眼中的你，但你不清楚的自己：**多听听老板意见准没错。
4. **老板看不到的你，或许自己也没察觉的潜在的你：**说不定小芯真的可以把理财专员的角色诠释得很好。

上述四种层次，都可以利用这个面谈呈现出来。做好简要工作日志，至少是对自己负责的最底限，至于老板是不是“识人”，那就看你如何呈现了。

老板不会感谢那些做牛做马的人，因为，你做多少并不重要，而是你做好多少，以及常做正确的决定才重要。

30 人际关系资源，真的重要吗？

9月初上班日的晚间，受杂志社的邀请，参与和名人同台的超级业务座谈会，习惯提前到达会场的我，早早准备好所有的前置作业，从容等待演讲的到来。

交换的名片越多，不一定代表越有好人缘

那天，在距离演讲前十五分钟、演讲后二十分钟，就开始有听众要和我交换名片；纵使我没带很多名片的习惯，回到家后，还是整理出一大沓。看似认识，其实还是不太认识的听众的名片。

老实说，还没当讲师前的我，很不习惯社交场合，要不是因为业务工作需要，必须跟客户攀谈寒暄，私底下的我，话实在不多。

当讲师十年多来，认识的人也更多了，社交场合也好、演讲授课场合也好，不喜欢也得和别人客套互动。换名片，记住人的名字、长相与喜好，成为工作中的家常便饭。但到现在为止，我还是不习惯、不擅长社交场合，尤其是名片的整理与后续的追踪。

但我倒是常常收到别人对我的后续追踪，有时我真的很佩服那些能在完全不认识的人面前，聊出所谓好人缘的人。

然而好人缘应该不只是换换名片、facebook 上常常按赞、发个短信、强迫自己说一些言不由衷的话语吧？

我常觉得，我说过什么其实不重要，做过什么好像也不太重要，重要的是“我带给他人何种感受”。在社交场合中，若是带着我们可以“互相利用”的立场去交换名片，我猜想一般人都应该能察觉到吧？

若你们真的要互相利用也就罢了，问题是，若是有任何一方觉得对方带有目的的接近，如此的“好人缘”还有可能持续吗？

尤其是那些晚间免费或异常便宜的演讲场合，大家带着一堆名片前来，不用花很多时间，也不用花很多钱。到某个场地可以一下认识很多人，做一件看似有用、其实无用的事。大家安慰着彼此，有着开发客户或是认识贵人的喜悦与期待，然而却一再落空的寂寥。

多加强本质学习能力，比经营人际关系更重要

我鼓励年轻人应该多多加强本质学习能力，无须汲汲营营增加人际关系资源，至少四十六岁的我认为真正的朋友不用多，几个就很足够。人际关系以“善念”为出发点，自然吸引他人靠近。

希望宪哥以下的四点建议，能给大家一些小小帮助。

1. 所谓的“人缘好”，并不是你认识多少人（名片，绝对有人比你多很多），而是有多少圈子的人认识你，将你看成伙伴。所以千万不要用 facebook 上的朋友数量多寡、粉丝团人数，或是名片有多少，来判断自己受欢迎的程度。
2. 与其参加言不由衷的异业学习或社交场合，不如多读一

本书、安排家人聚会、多与一两位智者深交聊天、去学一样有用的技能，或练习开发自己工作以外的能力，把时间拿来做会让你感到兴奋、快乐和幸福的事，不是更棒吗？

3. 不必勉强自己去认识不想认识的人，量力而为就好。反倒是多多充实自己，“多练习让自己说出来的话、做出来的事更有价值”，会更让人眼睛为之一亮。
4. 贵人的脸上不会写他是贵人。你若认为某人不错，值得学习，可以主动出击。发封信、写张卡片、打个电话表达仰慕之意，若有机会则多多互动。提升自己的魅力，吸引跟你差不多的人，这样更棒。

最后，工作是工作，人生是人生，你不喜欢的同事或客户，还是要强迫自己去互动，这点无可厚非，大家都一样。但选择做会让自己感到快乐或有兴趣的事，比勉强自己去社交来得更有意义。当你拥有专长领域或专精强项时，人际关系自然水到渠成。

31 简报技巧是一时的，能力却是永远的

一次好的简报肯定是工作、事业、提案等的敲门砖，我的学员方旭在念完硕士后，虽然取得博士候选人资格，但是自知自己不是深造的料，毅然决然先去当兵，退伍后立刻投入职场，从外商的小小业务专员开始干起。虽然是菜鸟一枚，但凭着优秀的英文听说读写能力，加上优异的简报技巧以及苦干实干的精神，到职三年后就升任北区业务经理，第五年就升上了北区业务主管。

空降主管不好当

面对北区电子科技业客户的强悍需求，他的腰杆子确实很软，面对各种需求尽可能有求必应。加上很敢跟美国总部要资源，台湾老总也很挺他，他的业绩、职位、影响力都扶摇直上，

升上北区业务主管那年，他才二十九岁。

去年一个偶然的机会，猎头公司邀他去应征某家澳大利亚公司驻台分公司的总经理一职。他考虑到原公司外派经验渺茫，与他原本想外派的打算不符，加上上头的人有一挂老鸟都还在，要轮到他晋升还早，他毅然决然放弃高薪，以及北区业务主管的好工作，投入一家只有十三人的小公司，担任总经理一职。到职的时间是在去年 7 月，但今年过完年后黯然去职。

方旭跟我谈到，他会被澳大利亚人录取的原因，除了好的英文表达能力外，就是他的简报技巧。

他在简报的二十分钟过程中，那个澳大利亚人的下巴好几次差点要掉下来。他可以从西方听众的角度出发，设计一份具有吸引力的简报，除了具有很炫的图片以外，数据与表格的整理、产业竞争态势的分析、英文的用字遣词，每一样都让听众瞠目结舌。就连简报天王我看到都惊叹："你这样的简报，换作是我，我也会用你。"

"那为何只待七八个月呢？"我直截了当地问。

"公司同事都排挤我，他们都觉得我年纪太轻。虽然我替换过三位不胜任同事，愿意重新训练新人，效果仍然不彰。加上业绩没有拉起来，我主动跟澳大利亚人提辞呈。”

“接下来，你打算去哪里？”

“我已经应聘上了一个马来西亚的公司，它们有个亚洲BDM（Business Development Manager）的缺，三月份去吉隆坡报到。”

我：“你也太会跳了吧？”

方旭：“没办法，薪水还不错。”

我：“这位置怎样选上你的？”

方：“老板听了我的简报以后，就决定用我了。”

高超的简报技巧，只是转职敲门砖

方旭自知是空降部队，用了高超的简报技巧获得敲门砖之后，接下来就是以一位三十一岁空降总经理的年纪与职位高度，要带领十三人的公司。或许公司规模小，难度不大，但是以方旭仅六年的工作资历，要在外商的嗜血环境中生存，其实并非容易之事。

接下来的BDM工作，虽然不是直接管辖一个国家或地区的生意，但对于该产品线的规划，要与亚洲其他国家做横向交流，也绝非容易之事。但我相信以方旭的英文能力与简报技巧，加上他腰杆子软的特质，应该可以试试看。但是，这么频繁地在外商间游走，到底是不是对的策略呢？

首先，方旭言谈中很重视薪水，我认为这值得商榷；撇开他的家庭经济状况不说，他几乎把年薪当作跳槽的首要考虑条件，这是高风险的来源之一。其次，职位与头衔是他的重要考虑对象，试想，三十一岁的外商总经理真能带出什么样的团队吗？

再来，外派工作一直是方旭的梦想，这点真的很值得赞赏；三十五岁以前是快速实现梦想比较重要，还是蹲好马步、酝酿实力比较重要呢？

或许你会说我不了解年轻人，不了解他们在现今职场恶劣局势下的艰难处境。但我深信，一分耕耘一分收获，天下没有白吃的午餐，天下也没有快速成功、快速致富的康庄大道。

至少我认为，三十五岁以前，需要备足所有，或说备足大部分的职场战斗能力与条件；三十五岁以后，才是决胜战场、翻转人生的关键。

我还是要说，那些教你快速成功、快速致富的人或方法，我不甚苟同。所以同样的道理，有了好的简报技巧，也要用行动证明你的方法与规划确实可行，不是吗？

32 机会来临时，先判断自己能否胜任

我老婆的同事小黑，小我十三岁，我们很聊得来，很快变成朋友。有天他和我说，他在外商科技业担任业务工作已三年，由于他刻苦耐劳的个性，加上不服输的精神，新北市的业绩一直跑得不错。而公司业务流动率大，三年后，他就从小菜鸟变成大学长。

做事简单做人难

由于该业务单位主管离职，去年10月1日，小黑被协理直接拔擢成为业务主管。以他电机硕士的背景，只工作不到四年就担任外商公司的业务主管，我认为有些快。半年前他打电话告知我这消息的时候，我完全听得出他的喜悦。

今天的他口气落寞许多，我问他："当主管三个月，还习惯

吗？”小黑才告诉我他的困扰。

他以前跟我提过，他的梦想工作是到海外上班。他刚上任业务主管两个月，该公司就并了另一家新加坡公司，而新加坡公司在网站上放了一个海外业务主管的工作职缺，他去应聘了。很幸运，他被录取了。对方希望得到这边协理的同意才会发出录用通知，于是小黑斗胆跟协理报告他要转换跑道的事情。

小黑："老板，我想要调迁到新加坡去。"

协理："哇，你也太会钻了吧，你不要忘恩负义，看到哪里有机会你就钻。你不要忘了，是我跟总经理大力推荐你取代David的位置，你太让我寒心了。"小黑无言以对。

说完这件事，他表示想听我的看法。其实我很害怕。通常因为我的角色与专业，若说了与他人心中不一样的想法，很容易影响到对方；如果是好的影响也就罢了，若害人家没回头路，那我就害人不浅了。

到底小黑的问题出在哪呢？其实是他去应聘这职位前，没跟协理先口头报备，这无关乎诚信，这是"职业伦理"。

小黑说他不好意思跟协理讲。

又不是离职，只是内部转换跑道。他既没跟协理讲，又刚升业务主管，换作我是协理，我也会不爽。现在骑虎难下，小黑该怎么办?

选择看似好的机会，不见得就是好的

当下，我说了对这个问题的看法。

方案一：留下来，跟协理道歉。于公，好处是协理会很有面子，兑现你当时认为自己适合做业务主管时的承诺，继续留下来跟同事共同奋斗打拼。于私的好处是，自己翅膀还没硬就想飞，会死得很难看。不过这方案的缺点是，你在协理心中已留下裂痕，信用已经打折扣（我认为职场最重要的就是信用），以后的日子要用更多的努力来挽回这件事。

方案二：坚持闪人。大家都清楚《狼来了》的故事，我个人的经验是，过去自己提辞呈，每一次都被魔音传脑似的慰留，但我每次都还是坚持要走人。这样的好处是，于公，长痛不如短痛，公司可以布局其他人事；于私，你可以实现你对工作的梦想，提早学习历练海外经验。缺点是，业界很小，大家又是关系企业，虽然一个在台湾地区、一个在新加坡，但谁会知道会不会有交集呢？留下一个不好的名声是本方案最大的缺点。

小黑接下来说："宪哥若是你遇到这问题，你个人的选项呢？"

虽然有些为难，我还是回答了这个问题。

1. **沙滩捡钻石：**在一人限捡一颗钻石的情况下，任何人都不知道"现在"捡到的这颗钻石是不是最美、最棒的，或者是不是自己真的想要的。
2. **机会成本：**我劝大家做任何决定都要考量机会成本，很多值得做的事情，也不一定值得非常认真做，一定要考量机会成本。若投入时，未来的损失可能会过大，这时就要选择等待，"赌性坚不坚强"就是机会成本的承受程度。
3. **时间点：**沙滩捡钻石的时间点才是关键，若这是一条布满钻石的沙滩，而每人限捡一颗，对于三十二岁的小黑而言，职业生涯只是一天中的"十点钟"。但或许对于四十六岁的我而言，若要换工作，相对已经来到一天的"下午四点钟"了。小黑的机会成本较低，相对我的机会成本高；他未来的选择还是有很多，而我未来的选择相对偏少。只要十点的他能持续努力打拼，在同一条沙滩上继续捡拾，他未来捡到大钻石的机会会比我更高。

根据以上分析，我的结论是，在台湾地区当业务主管才当三个多月，一切都不熟。更何况业务工作与业务主管的工作大相径庭，只为梦想前进，会死得很难看。男生在三十五岁之前尤其要多磨炼。

小黑听完后说："我现在才十点钟，我懂了。"果然，上岗靠机缘，下岗靠智慧。

33 好的学习态度，是职场翻身契机

去年岁末年终，因缘际会到了某 PCB（Print Circuit Board，印刷电路板）厂，进行两天一夜的简报技巧训练课程培训。今年则到了该公司的两个大陆厂区，进行简报技巧与内部讲师共九天的大规模培训，对于 PCB 产业以及两岸学员的学习气氛与动机，有了更深的体验。

一知半解的技巧，不是真实力

“做简报，真的需要口才很好吗？”这大概是学员心中浮出的第一个问题吧。

那天，两名台湾学员在课程开始前先和我说明：“老师，这两天我们真的很忙，可能会进进出出，先跟你说声不好意思。不过我们的简报都已经很厉害。”我说：“没关系，协理没意见，我都没意见。”

果真，这两位真的进进出出，一下接电话，一下交头接耳，真的很不专心。

过程中他们也参与部分课程片段，对于简报基本概念，其实也是一知半解，但我从旁得知，他俩的口才真的还不赖。

问题是简报技巧，真的与口才无关。

这两位仁兄果真没参加第二天的实战演练，简报比赛的前三名，却都是第一天看起来不太起眼的几位同学。我很为他们的大幅进步感到高兴，也为这几位业务同仁感到可惜。

其中获选第一名的 Jason，随后也让董事长亲自宣布，担纲公司的发言人一职。

长期观察两岸训练模式，台湾地区的资源丰富，企业讲师阵容坚强，造成台湾地区的学员不珍惜训练机会。公司安排什么课程不是重点，重点是一般台湾职场工作者并不把训练看成是一件“重要，但不紧急的事”，而似乎让“紧急，却不重要的事”充斥在工作排程中。

大多数大陆学员的习惯是“往前坐，先举手”，而台湾学员的普遍习惯则是“往后坐，少举手”。一来一往就看出学员有所不同。或许很多人会说，这是大陆高度竞争、台湾人较谦逊所致，但我的解读并非仅仅如此而已。

当天在大陆厂区的简报技巧课程，由五分之四的大陆干部，与五分之一的台湾干部共同组成。经过激荡仍能发现，台湾干部的创新思考能力与互动性很强，而大陆干部对课程重点的执行与吸收能力不容小觑。

接下来，该公司对于内部讲师的培训规模，则是大大地震撼了我。

一面培训，一面观察

"一面培训，一面观察"，这八个字，是我对训练与产业结合的重要观察指标。

这十年来从事培训工作，只要公司开设"内部讲师培训"与"工作教导"课程，就会让我直接联想到公司的"大量征才计划"，以及"复制成功模式"的两大重要思维。老板说得好："在大陆没有台湾干部、大陆干部，只有能干、不能干。"

2006年赴大陆培训至今，已充分观察到此现象，台湾干部人数大量下降，大陆干部急起直追，职位逐步攀高，两边的薪资幅度也持续缩小。这现象所带来的信号，我相信产业内部的人都能解读一二。

然而从这次两岸PCB公司的简报技巧与内部讲师培训，我到底观察到了什么呢?

发现一：简报是有策略、有目标地沟通

简报是可以被准备的，一般人都认为专业简报需要口才很好，我却不以为然。我也看过很多口才很好的人，上台以后胡言乱语；也看过许多看似老实宅男，上台后按照步骤方法侃侃而谈的，关键是“持续练习”。

我的确观察到科技业许多员工都有“宅”的特质，不过这种特质看似缺点，但在课程进行中，却变成他们及我的最大优势。大家虽然有些闷，但我只要指令够清楚，大家使命必达的精神也充分感动了我。

尤其我一再强调，简报并非口才的竞争，那些所谓口语表达能力普通的人，更愿意努力学习。大家深知：“专业”

+“口语表达能力”=“影响力”的精髓，而大陆干部在这样的诉求下，非常愿意努力学习，那种愿意更上一层楼的积极态度，真让我感动。而简报对于推动职场各项事务，有着决定性的影响。

发现二：“麦克风加上信念”，的确可以改变些什么

简报是职场很不公平的竞赛，在科技职场中，老板与高级主管都十分忙碌，若能在短暂十分钟左右，将自己的专业侃侃而谈，有效率、有架构地报告，的确可为你的职场加分，还可以让自己曝光度大幅提高。相反，我也看过许多“台下一条龙，台上一条虫”的人，只会在台下偷偷抱怨，却不愿意下苦功学习，的确非常可惜。

许多职场工作者持续加强专业，行有余力提升自己简报沟通的能力，我相信这对大家的职场影响力，一定会很有帮助的。

发现三：认清简报对象，设计因目的而异的简报

简报不是你会说什么，而是要先预判听众想听什么，站在听众角度设计简报架构，肯定是简报成功的第一堂课。尤其是竞赛时得第一名的 Jason，在董事长面前的优异简报，就是了解董事长行事风格后，特别设计的简报内容与精准架构。

用简报技巧提升职场影响力，在职场翻身，你准备好用功学习了吗？

34 面对抉择，用“巧实力”应对

人生有三大遗憾：不会选择、不断选择、不坚持选择。七年半前，我在外商内部应征亚洲区电话行销经理，当时如果雀屏中选，今天的我会有不同吗？如果八年前我没有离开外商自行创业，今天的我会是如何？我的人生若没有选择业务与讲师工作，另一片精彩的天空会在哪里呢？面对抉择的情境，该如何做出正确的决定呢？

什么是巧实力（Smart Power）？

哈佛大学教授奈伊（Joseph Nye）指出：“巧实力是依据情境不同，聪明运用软实力与硬实力的能力。”若用我的话来说，就是一种“硬到不决裂，软到不屈服”的能力。

然而我们经常性的抉择是：老板喜不喜欢我？我要不要转

职？我该如何面对升迁与挖角？面对讨厌的同事，该如何与他相处……

然而希拉里在《抉择》(*Hard Choices*)中说："人生就是不断地在做抉择，而我们的选择以及怎样处理自己的选择，将决定我们成为什么样的人。对于领导人和国家来说，这些抉择可能决定了战争或和平、贫困与繁荣。"真是一语道破人生抉择的残酷与现实。

初中时，我面临了到底应该去考"北联"，还是应该留下来考"桃联"的抉择？自然组，还是社会组？大学的社团应该选哪个？出社会工作，哪个职业适合我？几岁该结婚？要不要生孩子？转职应该选钱多的工作吗？竞争者攻击我们，我们该如何反击？还是闷不吭声呢……

职场中的"硬实力"对个人来说是专业、本质学习能力；对职业选择来说，就可能是公司规模大小与发展前景。然而职场的"软实力"对个人来说就是沟通能力、人际关系、团队合作能力等；对职业选择来说，就可能是公司的核心价值与企业文化底蕴等。

对于容易量化的指标来说，一切都很好判断；对于质化指标来说，面对抉择时，就应该好好地利用巧实力来面对不同情境了。

多年前我有一位同事，学历背景与外形都非常好，在我那个年代就已经有两个学士学位，堪称奇人一枚。怎奈与他共事“原则”特别多，他不喜欢跟同事聊天，但跟客户闲聊时，又能侃侃而谈。常常需要别人配合他，专业证照考上不少，但关键时刻口说能力不佳，无法化繁为简。他一定要睡午觉、十点前一定要就寝、摩托车要留一格停车位给他……大家都戏称他原则特别多，弹性特别少。

同单位的另一位同事，专科毕业，各方面虽然都很普通，但腰杆子特别软，嘴巴很甜，很会称赞他人，同事跟客户都很喜欢他，他的配合度极高，在我们以业绩挂帅的环境里，升迁总是快人一步。大家看来无法解决的事，或是没耐心处理的事，在他的手上总是可以得到变通与折冲；他的变通能力、创意思维与逻辑能力，是他长袖善舞的成功关键。

我不是说原则不重要，但人真的不能有太多原则，太多原则的人，在现今复杂的环境中，大家都会说你固执，你真的很难生存。

职场发挥巧实力的五大建议

首先，固执与原则是一线之隔。在个人原则与环境偏好的双重考量下，选择与组织气候相符的处事态度绝对错不了，除非你能证明你一定是对的，或是你有高人一等的 position power（职位权）。

其次，不要抱怨。抱怨解决不了问题，个人、职场与国家都一样，需要卷起袖子做事的人，而不是抱怨的人。卷起袖子做事的行动力，才是巧实力，空谈不是，抱怨也不是。

第三，职场里做任何决定都要考量“机会成本”。选择或许不难，当没有选择的那件事机会成本太高时，一定要特别小心，尤其是时间成本，时间成本是个人、公司与国家最重要的资产。

第四，你若觉得现在很难过，那是因为你站得不够高、看得不够远。走出去，与世界接轨，视野放大、摆高、看远，不要每天小情小爱，试着跳脱舒适圈。我常告诉自己：“最差若是这样，挑战新事物不过如此，那就放手一搏吧。”

最后，培养创新的思维、变通的能力，减少直觉式的逻辑思考，多多阅读好书，接触具有开阔世界观的人和事物，任何时间都要想如何发挥团队精神达成目标，我想这样做，你距离巧实力的聪明人生才会越来越近，人是有无限可能的。

35 不要酸人，成功同僚的背后一定有番大学问

某次帮客户执行完年度的训练课程，客户好心邀我一起吃个便饭。席间训练承办人、门市主管、人资主管，以及几位专案的重要参与者都留下来，大家聊得很愉快。

啊，然后咧？

除了庆祝训练专案非常成功以外，日前公司布达训练承办人 Joyce 晋升课长的消息传出，大家举杯祝贺她的高升，年仅二十八岁在大公司升到课长，老实说也为她过去几年的努力，打了一剂强心针。

Bruce 四年多前是 Joyce 在人力资源部的同事，也是前后期同梯，两年前因为门市需要执行导师制计划，老板将男生调

到门市历练，作为门市与人力资源部执行新人导师制的联系窗口。只可惜 Bruce 做事比较没这么积极，加上原来的人力资源部课长因为生产后离职，Joyce 补上课长缺，而 Bruce 仍是资深管理师。

“我们请 Joyce 分享晋升感言！”门市总监和经理大声嚷嚷着。

Joyce 很客气地说：“是大家帮忙、大家继续努力、我运气……”这类的词汇在分享的一分钟之内，不断出现。

上了几道菜，大家喝了几杯酒后，Joyce 就开始谈到先前生产，后来离职的原课长过去对她的照顾，而 Bruce 不断地玩着手机，没有很认真听。

大家问 Joyce 升课长以后的计划，她没讲几句，Bruce 就说：“啊，然后呢？”Joyce 再说几句后，Bruce 又跟话说：“啊，然后呢？”大家看状况不对，把话题转到公司推行的导师制，Bruce 又接着说：“啊，然后呢？”

大概讲了四五次吧，我可以确定他不是说玩笑话，从语气就知道他是很挑衅地问、很酸地说话。几句话后 Joyce 脸色大变，选择沉默不语，其他同事开始转移话题，半小时后，大家就各自离席回家。

人力资源部经理在两天后打了一通电话给我，除了要我别介意以外，还问了我一个问题："宪哥，你怎么看这件事？"

原来两年前要调去门市的不是 Bruce，而是 Joyce。因为门市总监比较喜欢女生，但 Joyce 对门市营运比较没兴趣，选择留在人力资源部负责培训，于是人力资源部经理将当时企图心与自信心都不足的 Bruce 调去给门市。因为这事，人力资源部经理被门市总监酸了很久，说"你都调你不要的人给我"，害人力资源部经理只能选择不断苦笑。

其实人力资源部经理也比较喜欢 Joyce，对于女生要留在原单位，经理的确松了一口气，也感到欣慰。总经理对于人事调动一向尊重当事人决定，于是也不插手过问。

Bruce 对于 Joyce 这么快升课长，一直觉得这是她运气好，而自己运气也太烂，不断说是自己两年前选错跑道，才会搞到现在只是资深管理师。明明门市机会很多，就是升不上去，他老兄大概也从没检讨过自己吧？

职场大忌：见不得人好的酸民心理

“酸民文化”大家也不是不知道，但问题是职场现实生活中的酸，影响就很大了。网络上爱怎么写，大家互相不认识，好像也不能怎样。但现实生活中，大家天天会遇到，无论背后说人坏话，或是当众酸别人，总不是一件好事。

“人在江湖混，哪有不挨棍？”我对 Joyce 当天的处理态度印象非常深刻，她不仅没有跟对方大声回嘴，而且风度与格局也都让我啧啧称奇，她算是年轻一辈很有气度与风范的小主管了。

“死狗无人踢”，是我最常跟被暗箭所伤、被公开指责的人说的话。有时候不得不这样想，我要是一无是处，也没人会理我，就是因为自己还有利用价值，难免会遭到妒忌，在职场工作，这种事正常到不能再正常了。

“誉之所致，谤亦随之”，职位越往上晋升的人，总是要能理解自己会越来越被放大镜检视，小心翼翼、如履薄冰总不会错的。

我跟人力资源部经理说，帮我带上面几句话给 Joyce，至于 Bruce，已经不是人力资源部经理管辖的，其实不用太在乎。一种米养百样人，他的个人观点与说话习惯，就让社会跟职场来“好好教育”他吧！

哪里都不缺酸民，但缺少会鼓励他人、能振奋民心的人，不是吗？

重点笔记

- 当面临十字路口的时候，信念与价值、信仰与态度才是让你渡过难关、因应变局的关键策略。
- 擅长并持续记录下你的各种工作指标，会成为一种决胜习惯。
- 你做多少并不重要，而是你做好多少，以及常做正确的决定才重要。
- 人际关系以“善念”为出发点，自然吸引他人靠近。
- 多练习让自己说出来的话、做出来的事更有价值。
- 很多值得做的事情，也不一定值得非常认真做。
- 抱怨解决不了问题。个人、职场与国家都一样，需要卷起袖子做事的人，而不是抱怨的人。
- 你若觉得现在很难过，那是因为你站得不够高、看得不够远。